FRIEDERIKE SCHMÖE
Kreidekreis

GRAUSAME TÄUSCHUNG Hauptkommissar Harduin Uttenreuther verspürt zunehmend das Bedürfnis, sich den schönen Dingen des Lebens zu widmen, und sammelt sogar bibliophile Brechtausgaben! Seine Lebenspartnerin Katinka Palfy, Privatdetektivin, erhält den Auftrag, in einem Vermisstenfall zu ermitteln. Fanny Chatwin, eine junge Australierin und Passagierin auf dem Flusskreuzfahrtschiff »Emerald Star«, verschwindet beim Landgang spurlos. Ihre Mutter Ruth Pessel beauftragt Katinka, Fanny zu finden. Als eine brutal verstümmelte, gesichtslose Leiche im gleichen Alter gefunden wird, bestätigt Ruth den schrecklichen Verdacht: Die Tote ist ihre Tochter! Doch bald kommen Katinka Zweifel. Ruth scheint außergewöhnlich gefasst. Aber warum weigert sie sich, Fannys Ehemann Louis, der sich in Australien aufhält, zu verständigen? Und wer ist die Frau, die Katinka beauftragen will, eine Wohnung zu observieren? Erst der Blick auf die wahre Not der Menschen führt Katinka auf die richtige Spur.

© Frank Märzke

Geboren und aufgewachsen in Coburg, wurde Friederike Schmöe früh zur Büchernärrin – eine Leidenschaft, der die Universitätsdozentin heute beruflich nachgeht. Ihr literarisches Universum umfasst u. a. die Krimireihe um die Bamberger Privatdetektivin Katinka Palfy und eine Krimiserie mit der Münchner Ghostwriterin Kea Laverde als Hauptfigur.

Bisherige Veröffentlichungen im Gmeiner-Verlag:

Oberfranken (4., überarbeitete Auflage 2018)
Mörderische Prachtbäder (Hrsg., 2018, mit Petra Steps)
Kirchweihmord (2018)
Still u. starr ruht der Tod (2017)
Süßer der Punsch nie tötet (2017)
Falsche Versprechen (2017)
Dohlenhatz (2017)
Die viel zu lange Lüge (E-Book Only, 2016)
Von Zimtsternen und Zimtzicken (Hrsg., 2016)
Die Bernsteinburg (E-Book Only, 2016)
Stille Nacht, grausige Nacht (2015)
Kirchweihleichen (Hrsg., 2015)
Zuträger (2015)
Ein Toter, der nicht sterben darf (2014)
Wer mordet schon in Franken (2014)
Schaurige Weihnacht überall (2013)
Du bist fort und ich lebe (2013)
Rosenfolter (2012)
Wasdunkelbleibt (2011)
Wernievergibt (2011)
Wieweitdugehst (2010)
Bisduvergisst (2010)
Fliehganzleis (2009)
Schweigfeinstill (2009)
Spinnefeind (2008)
Pfeilgift (2008)
Januskopf (2007)
Schockstarre (2007)
Käfersterben (2006)
Fratzenmond (2006)
Maskenspiel (2005)

FRIEDERIKE SCHMÖE
Kreidekreis
Katinka Palfys 12. Fall

*Personen und Handlung sind frei erfunden.
Ähnlichkeiten mit lebenden oder toten Personen
sind rein zufällig und nicht beabsichtigt.*

Besuchen Sie uns im Internet:
www.gmeiner-verlag.de

© 2018 – Gmeiner-Verlag GmbH
Im Ehnried 5, 88605 Meßkirch
Telefon 07575/2095-0
info@gmeiner-verlag.de
Alle Rechte vorbehalten
1. Auflage 2018

Lektorat: Claudia Senghaas, Kirchardt
Herstellung: Mirjam Hecht
Umschlaggestaltung: U.O.R.G. Lutz Eberle, Stuttgart
unter Verwendung eines Fotos von: © powell83/fotolia.com
Druck: GGP Media GmbH, Pößneck
Printed in Germany
ISBN 978-3-8392-2229-4

In den blutigsten Zeiten
leben freundliche Menschen.

Bertolt Brecht,
Der Kaukasische Kreidekreis

1.4.2018

WhatsApp 1

Alles okay bei dir? Irgendwie kann ich mich mit der momentanen Situation nicht anfreunden. Mom spinnt jetzt komplett, weiß nicht, wie ich reagieren werde. Vielleicht ist es mal Zeit, dass ich mir darüber klar werde. LOVE.
 Fanny

31.3.2018

1

»Der Mann ist ja spitz wie Nachbars Waldi.«

»Mom, bitte.«

Ruth Pessel schürzte die Lippen. »Du bist doch sonst ganz erpicht darauf, die Dinge beim Namen zu nennen.« Wütend rammte sie den Schlüssel von innen in das Schloss der Kabinentür und drehte ihn zweimal um, als könnte Bruce Lornan ihnen nachkommen auf der Jagd nach einer heißen Nummer.

Schweigen ist Gold, dachte Fanny müde. Eine Kreuzfahrt brachte es mit sich, dass man länger, als es irgendwem gut tun konnte, mit Menschen zusammen war, mit denen einen so gut wie nichts verband. Sie hatte ihrer Mutter den Gefallen tun wollen. Eine gemeinsame Reise unternehmen. Deutschland, das Land ihrer Herkunft, aus dem Ruth einst, wie sie selbst stets behauptete, herausgerissen worden war. Dennoch hatte das Heimweh sie über die Jahrzehnte im Griff gehabt. Man sollte es nicht glauben, wo sie doch in Melbourne wirklich angekommen war. Auch beruflich.

Also war Fanny mit nach Deutschland geflogen. Hatte sich die Reise schöngeredet. Denn so einen teuren Urlaub konnte sie sich selbst nicht leisten. Als Lehrerin in Australien wurde man kein Rockefeller. Dabei liebte Fanny ihren Beruf. Umso schlimmer, dass man ihren Vertrag im Januar nicht verlängert hatte. Die Misere war nur insofern von Vorteil, als sie jetzt diese Flusskreuzfahrt auf einem der aktuell luxuriösesten Cruiser, der »Emerald Star«, den Main-Donau-Kanal hinunter machen konnte. Sie unterdrückte ein Seufzen. Es wäre sicher besser gewesen, wenn sie noch einen Job hätte und dementsprechend ihrer Mutter hätte absagen können. Ihrem Selbstwertgefühl wenigstens hätte das gutgetan. Außerdem müsste sie sich dann nicht das Geschwafel über Bruce Lornan anhören. Sie fand den Mann ganz in Ordnung. Er reiste mit seiner Ehefrau Liza, einer verkniffenen Tusnelda mit einem vertrockneten Gesicht, das Fanny vom ersten Augenblick an eine Rosine erinnert hatte. Wie er es mit der beständig kalte Bemerkungen absondernden Frau in einer Kabine aushielt, fragte Fanny sich ohnehin. Deshalb war es kein Wunder, dass Bruce so oft wie möglich das Schiff durchstreifte und Unterhaltung an anderer Stelle suchte. Zum Beispiel bei weiblichen Mitreisenden unter 30. Davon gab es an Bord außer den Angestellten nur eine. Fanny.

»Wenn mich nicht alles täuscht, hat er dich schon mehr als ein Dutzend Mal angebaggert.«

»Mom! Der Knabe ist Mitte 60, denkst du, ich bin scharf auf ihn? Mach dir mal keine Sorgen.«

»Ich mache mir nicht im geringsten Sorgen. Schließlich weiß ich ja, dass du deinem Ehemann treu bist.«

Fanny strich sich das Haar aus dem Gesicht. Die Atmosphäre in der Kabine schien zu dampfen. Das Kabäuschen kam ihr winzig vor, obwohl etliche Flusskreuzfahrtveteranen nicht müde wurden, ihr zu versichern, dass die »Emerald Star« mehr Platz böte als die üblichen Schiffe.

»Und?« Fanny fiel nichts Besseres ein, als mit einer halbherzigen Frage Zeit zu schinden. Sie trank ihren Kaffee aus, den sie sich aus dem Speisesaal mitgenommen hatte. Maggie, eine der Stewardessen, steckte ihr jeden Morgen einen Thermobecher zu. An Bord wurde den Passagieren wirklich jeder Wunsch von den Augen abgelesen. So gut wie jeder. Gerade jetzt fühlte Fanny den brennenden Wunsch, der Kabine, der »Emerald Star« und der ganzen Scheinwelt dieser Reise zu entkommen. Leider ein unerfüllbares Verlangen.

»Du kennst meine Meinung. Louis ist nicht gut für dich. Ihr habt überstürzt geheiratet. Bei Gott, vielleicht hast du befürchtet, du wärest schwanger.«

»Mom, diese Diskussion hatten wir längst. Ich war weder schwanger noch dachte ich, es wäre so.«

»Na gut, dann habt ihr euch eben für die Eheschließung entschieden, damit ihr beide in Melbourne eine Anstellung findet. Was aber nicht geklappt hat.«

»Ich habe mir die Arbeitslosigkeit nicht ausgesucht. Ich finde schon wieder einen Job. Louis und ich sind beide flexibel.« Für Momente erschien selbst ein Arbeitsplatz im hintersten Outback Australiens Fanny erstrebenswerter als die »Emerald Star« oder die gleichförmigen Weinberge, die am Ufer an ihnen vorbeiglitten. Das Schiff ließ sich Zeit.

»Wenn du ohnehin bereit bist, sonst wohin zu ziehen, brauchst du Louis ja nicht mehr.« Ruth betrachtete ihre Fingernägel. Gestern war sie im bordeigenen Schönheitssalon gewesen. Gezupfte Augenbrauen, neue Farbe auf dem Ansatz, 20 rote Nägel.

»Lass gut sein, Mom.« Fanny spürte, wie ihr die Geduld ausging. Ein feines Vibrieren über ihrem rechten Auge, das sich schnell zum Schmerz auswachsen konnte. »Louis und ich haben geheiratet, weil wir uns lieben und unser Leben gemeinsam verbringen wollen.«

»Was euch allein arbeitstechnisch nicht gelingen wird.« Ruth löste den Blick von ihren Händen. »Und ich sage dir was: Louis wird nie für eine Familie sorgen können. Er ist doch nur einer Karriere als Musiker hinterher. Als Gitarrist in einer Band. Dem Jungen ist seine Musik wichtiger als du.«

»Ganz sicher nicht.«

»Du hast längst selbst Zweifel an seiner Hingabe. Am Ernst seiner Absichten.«

»Mom, vielleicht hast du es noch nicht mitbekommen: Louis und ich leben von *seinem* Lehrergehalt. Zwei Ehepartner, die eine Weile vom Einkommen des einen leben. Er hat als Musiklehrer eben bessere Chancen als ich. Englischlehrer gibt es wie Sand am Meer, Musiklehrer nicht. Den Job wird er bestimmt nicht sausen lassen. Dazu mag er die Schüler viel zu sehr.«

»Er wird ihn an den Nagel hängen. Kaum, dass er ein Angebot aus der Musikbranche hat. Und da wird er noch weniger verdienen. Wirst du sehen. Schließlich kommt kaum einer von diesen Jungspunden auf die große Bühne. Die enden alle in zweitklassigen Pubs.«

Fanny rieb sich die Stirn. Ruth war in den letzten Jahren immer materialistischer geworden. Versessen auf Geld. Die alte Angst, allein mit einem Kind in die Armut abzugleiten, hatte sich in Gier verkehrt. Natürlich erkannte Fanny die Leistung ihrer Mutter an: sich hochgearbeitet zu haben ohne eine Ausbildung, ohne »Vitamin B«, und das in einer der größten Kliniken von Melbourne, musste man erst mal schaffen. Assistentin der Geschäftsleitung. Wobei man das *Assistentin* vermutlich leicht weglassen konnte. Ruth Pessel galt als rühriger Mittelpunkt der Chefetage. Sie war diejenige mit dem untrüglichen Gespür, an welchen Stellschrauben zu drehen war, um den Umsatz weiter zu steigern. Sie hatte auch die Idee gehabt, einen Teil der chirurgischen Abteilung zu einem Privatkrankenhaus für reiche Leute aus dem pazifischen Raum auszubauen. Oder für Verzweifelte aus ganz Australien, die in dem zwielichtigen Gesundheitssystem keine Chance mehr auf ein neues Knie oder eine Hüfte hatten. Ohne Zweifel war der Überschuss, den das Melbourne Scientific Hospital seit Jahren in schöner Regelmäßigkeit erwirtschaftete, in weiten Teilen Ruths Verdienst.

»Ich glaube nicht, dass …«, begann Fanny halbherzig. Im Gang draußen erklangen das sonore Lachen von Bruce Lornan und ein zurückhaltendes Kichern. Fanny grinste. Also war er einmal mehr auf der Pirsch, der alte Bruce.

»Zieh dir was drüber. Es ist zu kühl für kurze Ärmel.«

Fanny stöhnte leise. »Ich weiß schon, wann mir kalt ist. Danke für deine Fürsorge.«

»Dieser grün-gelbe Fleck an deinem Arm ist wahrlich kein schöner Anblick.«

Schweigen ist Gold, dachte Fanny wieder und trank ihren Kaffee aus. Offensichtlich hatte ihre Mutter sie nur auf die Reise eingeladen, um ihr 24 Stunden pro Tag das Gewissen umzustülpen.

»Louis' Traum ist eine Karriere im Musikbusiness«, insistierte Ruth. »Mach dir die Konsequenzen bewusst.«

»Und wenn er den Traum hat? Selbst wenn er ihn weiterverfolgt, heißt das nicht, dass er mich …«

»Er wird dich links liegen lassen. Dich abservieren. So schnell kannst du gar nicht gucken.«

»Mom, bei allem Respekt für deine Lebensgeschichte …«

Ruth hob die Hand. »Lass uns jetzt nicht streiten. Ich hätte da eine Idee. Einen Vorschlag zur Güte.«

Fanny schüttelte den Thermobecher. Leer. Denkbar schlechter Zeitpunkt. Lass sie reden, dachte sie. Lass sie ihre Sicht der Dinge anbringen. In zehn Tagen ist unsere Reise zu Ende, wir fliegen heim, und ich bin sie los.

2.4.2018

2

Bruce Lornan war im Grunde seines Herzens ein positiver Mensch. Seine Frau Liza warf ihm vor, er habe das Gemüt eines Fleischerhundes, was aus ihrem Mund nicht freundlich gemeint war, doch er verstand es, ihre Meinung seinen Bedürfnissen gemäß umzudeuten. Er liebte es zu reisen, und Liza kam mit, um ihn im Auge zu behalten. Er sah ein, dass er sich damit jede Menge Stress ersparte, denn garantiert würde unter den Kreuzfahrtpassagieren mehr als nur eine Frau auf ihn fliegen. Auf Ärger mit Ehemännern und enttäuschten Ladys am Ende einer Reise war er nicht besonders erpicht.

An Bord hatte Liza sich mit ein paar Frauen angefreundet, die die Landgänge gern ohne ihre Männer absolvierten. Shoppen war nicht unbedingt Bruce' Hobby und genauso wenig das von den anderen Jungs. Daher konnte er sich leicht absentieren, sobald die Damenwelt Taschen- und Souvenirläden durchstöberte. Das WLAN an Bord leistete das Übrige. Diese Sache war nichts anderes, als ein Hotel zu reservieren, ein Zugticket zu buchen oder eine Pizza zu ordern. Lächelnd schob Bruce das Smartphone in die Jeanstasche und klatschte noch eine Portion Versace Eros Aftershave auf seine Wangen. Kaum rasiert, machte sich schon wieder dieser blaue Schatten auf seinen Wangen bemerkbar. Den Bartwuchs nahm er zähneknirschend hin, solange sein Haupthaar dicht blieb, was zum Glück der Fall war. Er scherzte manchmal, er passe sich einfach seiner Gattin an, deren Bartwuchs auch nur durch umsichtige tägliche Pflege in Schach zu halten war. Dass sie ihn für diesen Spruch hasste, nahm er hin. Was bedeutete letztendlich Lizas emotionelles Tamtam, wenn er längst seinen Weg gefunden hatte, auf seine Kosten zu kommen.

Drei große Reisebusse holten sie im Hafen ab, einem verlottert aussehenden Wasserarm mit einem staubigen Kai. Bruce hatte den Atem angehalten, als der Kapitän die »Emerald Star« in das schmale Becken gesteuert hatte. Für die Landgänge wurden die Passagiere nach Farben eingeteilt, alles bestens organisiert, Bruce und Liza trugen Namensschilder mit grüner Ecke, genauso wie diese verklemmte Ruth Pessel und ihre Tochter. Fanny mochte er, aber sie war natürlich zu jung, bei allem, was recht war, dazu beständig von den Luchsaugen ihrer Mutter beobachtet *und* verheiratet. Er suchte ihre Nähe, weil sie so etwas Weiches, Heiteres an sich hatte, die Unbeschwertheit der Jugend, obwohl sie auf die 30 zuging, wie er annahm, wenn er die zarten Fältchen um ihre Mundwinkel in Augenschein nahm. Fanny lachte gern über seine Scherze; sie tat es nicht aus Höflichkeit, sondern weil er sie tatsächlich mit seinen Witzen unterhielt. Er hatte sie sogar ausgetrickst, hatte ihre Handynummer abgegraben, weil er ihr angeblich einen ganz besonders interessanten Artikel aus der »Times« mailen wollte. Sie war drauf eingegangen, klar, sie war richtig handysüchtig, ständig am Surfen! Er hatte den Link geschickt, nun besaß er ihre Nummer. Eine von vielen Trophäen des Jägers.

Als er in den Bus stieg, saßen Mutter und Tochter ganz vorn. Er schob Liza auf die Plätze hinter den beiden. Ruth beschäftigte sich mit ihrem Reiseführer, während Fanny den Kopf ans Fenster gelehnt hatte und hinausblickte in den verhangenen Tag, den Blick auf ein sandfarbenes Speicherhaus gerichtet. Lachmöwen umkreisten das Schiff.

Liza neben ihm murmelte irgendwas; er hörte nicht zu. Fanny wirkte so abwesend. Er beugte sich vor:

»Dieses Bamberg soll 1000 Jahre alt sein. Kann man sich das vorstellen?«

Ruth wandte den Kopf gerade so weit, dass er verstehen konnte, was sie antwortete.

»Das ist in Deutschland nichts Besonderes.«

Klar, sie war von hier. Als Kind ausgewandert, nun schwang ein Hochmut in ihrer Stimme, als habe sie den Bamberger Dom mit aufgebaut. Stein für Stein.

»Verspüren Sie nicht auch Sehnsucht nach der Heimat Ihrer Mutter?«, schoss Bruce eine Frage auf Fanny ab.

Sie hörte ihn nicht. Ihre Mutter gab ihr einen leichten Schubs. Fanny zuckte zusammen, griff sich an den Oberarm. Bruce hatte Ahnung vom Leben, und das sah nach Schmerz aus. Nach mehr Schmerz, als ihn ein vorsichtiger Stups eigentlich auslösen sollte. Er wollte gerade eine Bemerkung machen, als seine Frau ihn in die Seite stieß.

»Liza, mein Schatz, was ist?«

Er hörte ihr zu, ohne wirklich zu verstehen, was sie sagte, während er auf Fannys Hinterkopf blickte, die braunen Locken, die sie für seinen Geschmack ein wenig zu kurz trug, er mochte Frauen mit wallendem Haar. Als der Bus anfuhr, griff Liza theatralisch nach dem Handgriff an der Lehne des Vordersitzes.

Die Reiseleiterin war bereits eingestiegen, sie sprach passables Englisch. Ihn interessierte nur, wo der Bus hielt, und wie er nach der Dombesichtigung am einfachsten und schnellsten zu der angegebenen Adresse kommen konnte. Auf Google Maps hatte er bereits alle Daten eingegeben. Es kam nur darauf an, dass er sich rechtzeitig abseilte. Schließlich interessierten ihn die Spaziergänge durch die endlosen engen Innenstädte, die für ihn alle gleich aussahen, nicht im Mindesten. Stattdessen regte sich bereits sein kleiner Freund in Vorfreude.

Der Bus fuhr an einem Schrottplatz vorbei und bog ab. Neugierig betrachtete Bruce die modernen Gebäude, die an ihnen vorbeizogen. 1000 Jahre war das Graffel garantiert nicht alt. Aber dann sah er den Dom. Vier schlanke Türme, die sich über dem Zentrum der Stadt in den trüben Himmel reckten. Das musste das berühmte Bauwerk sein, da drüben auf dem Hügel. Nicht schlecht. So was hatten sie zu Hause nicht. Bruce räusperte sich. Er hatte den Mund bereits geöffnet, als Liza ihn anzischte:

»Wenn du nicht aufhörst, die Kleine zu bebalzen, kannst du was erleben.«

»Liza, Liebchen.« Er lächelte sie an, so breit und gewinnend, wie er es früher getan hatte, als er um sie warb. Da hatten ihm die Hormone ziemlich übel mitgespielt.

»Verkneif dir dein ›Liebchen‹.«

Er legte seine Hand auf ihren Schenkel; sie stieß sie weg.

Ein grauer Schleier legte sich über seine Vorfreude. Die Spannung in seinem Körper sackte weg.

Na, kein Problem. Er hatte Tabletten.

3.4.2018

3

Er parkte den Lieferwagen direkt vor der Haustür. Es würde nicht weiter auffallen. Die Cafés und Geschäfte, die eines neben dem anderen die schmale Straße in der Bamberger Innenstadt säumten, waren längst geschlossen. Es regnete. Heftig.

Eigentlich mied er diese Art von Arbeit, aber er schuldete seinem Boss das eine oder andere. Deswegen kümmerte er sich um dieses nächtliche Problem. Die Uhrzeit schreckte ihn nicht. Er war da ganz virtuos. Wenn er die Gelegenheit bekam, schlief er. Wenn nicht, blieb er wach. Er konnte Schlafvorräte ansammeln wie ein Kamel Wasser. Nein, sein Unbehagen rührte daher, dass er keine Jobs mochte, bei denen es um Frauen ging. Eine altmodische Anwandlung. Zuweilen nahm er an, dass sein Boss ihm die austreiben wollte. Frauen waren zu schützen, das war so in seiner Heimat, und das andere machten die Männer unter sich aus. Da, wo er herkam, hätte ein Mann sich verbeten, eine Frau auch nur eine Schaufel in die Hand nehmen zu lassen. Aber hier hatte er sich anzupassen.

Ramzan schloss die Tür auf. Ein Blick auf die nasse Straße. Alles dunkel in den Häusern ringsum, nur die Straßenlampen brannten. Seine Nackenhaare stellten sich auf, als er die Tür ins Schloss gleiten ließ. Ein leises Klicken. Ramzan zog die Tyvekschoner über die Stiefel. Handschuhe trug er bereits. Er stieg die Stufen hoch. Zählte mit. Der Boss beschrieb immer alles bis ins Kleinste und wollte, dass man seine Anordnungen entsprechend befolgte. Anfangs hatte er Ramzan mit seiner Detailversessenheit auf die Probe gestellt. Allerdings nie einen Grund zur Beanstandung gefunden.

Als er vor der Wohnungstür stand, lauschte er kurz, bis er den Schutzanzug überzog, aufschloss, eintrat. Seine Maglite schnitt die Dunkelheit in Scheiben.

Die Frau lag im Flur. Überall klebte Blut. An der Tapete, auf dem Teppichboden, an Kopf und Armen der Frau. Sie war bestimmt einmal schön gewesen, er stellte sich volle Lippen vor, große Augen, eine hübsche Stupsnase. Von alldem war nicht mehr viel zu erkennen, da war nur eine einzige Fleischmasse, ein umgepflügtes Feld, unmöglich, die Gesichtszüge auszumachen. Der Rest ihres Körpers war jung. Verdammt jung, aber das waren sie alle. Sie trug Jeans. Von ihrem T-Shirt waren bloß Fetzen übrig. Ramzan sah einen BH durch den dünnen Baumwollstoff scheinen. Er war nicht zartbesaitet. Aber er hasste unsinnige Gewalt. Diese Frau hatte Prügel bezogen. Der war der ganze Körper durchgewalkt, die linke Hand zertrümmert worden. Alles Matsch.

Er schloss ihr die Lider, zumindest das eine, ein zweites war nicht mehr da, also auch kein Auge, das ihn vorwurfsvoll ansehen würde. Ein Frösteln streifte ihn, so ein schwacher Moment, der kam jedes Mal. Ramzan wurde damit fertig. Er, der nirgendwo mehr zu Hause war. Er, der stets wusste, mit wem er es zu halten hatte.

Der Sack, den er mitgebracht hatte, hatte einen Reißverschluss. Die Leichenstarre war längst eingetreten. Er musste ihr den linken Arm brechen, sonst hätte er sie nicht in den Sack gekriegt. Das trockene Knacken hallte in der leeren Wohnung. Ramzan hob den Kopf. Einmal war es passiert: Da war ein Kind im Zimmer gewesen und aufgewacht. Er hatte das Kind mit einem gezielten Schlag bewusstlos gemacht. Da hatte er sich gefühlt wie ein Schuft.

Hier aber war kein Kind. *Ratsch*. Er schloss den Reißverschluss. Schulterte den Sack.

Sie war leicht, obwohl er außer der Frau auch noch den Tod schleppte. In seiner Heimat hatte er Leichen von halb verhungerten Kindern getragen, die auf dem Markt oder dem Schulweg von Bomben zerrissen worden waren, und sie waren ihm schwer vorgekommen, schwerer als das bisschen Gewicht, das die kleinen Gerippe haben konnten. Die vielen Kriege hatten alles zerstört. Zuallererst den Anstand und die Gefühle. Dann den Körper. Bevor Ramzan sterben konnte, war er geflohen.

Im Erdgeschoss legte er die Frau hinter der Haustür ab. Er trat auf die Straße, öffnete die Seitentür seines Transporters, witterte in alle Richtungen. Wind war aufgekommen, nasser, widerlicher Wind. Er hievte die Frau in den Transporter, zog den Schutzoverall aus und stopfte ihn in einen Müllbeutel. Jemand würde die Wohnung schrubben. Alles reinigen. Und eine neue Frau würde einziehen. So lief das.

Hinter dem Steuer sitzend, zündete er sich eine Kippe an.

Er inhalierte tief, bevor er den Motor startete und durch die verwinkelten Straßen navigierend aus der Stadt herausfuhr.

4.4.2018

4

Privatdetektivin Katinka Palfy schloss die Tür zu ihrer Detektei in der Hasengasse auf. Manchmal träumte sie von der perfekten Welt, in der sie ein Loft mit Dachterrasse hoch über Bamberg ihr Büro nannte und nicht diese mickrige Bude in einer Gasse, die so eng war, dass sie mit ausgestreckten Armen beide Mauern zugleich berühren konnte. Es stank nach Urin, der Nachttoilette von Männern, die um die Häuser zogen. Hoffentlich dauerte es nicht mehr lange und sie bekam die Pseudo-Überwachungskamera zugeschickt, die sie bestellt hatte. Zu einem günstigen Preis und täuschend echt aussehend. Beim Pissen würde sich kaum ein Mann gern filmen lassen. Es sei denn, der Alkohol hatte bereits weite Bereiche des betroffenen Hirns außer Gefecht gesetzt. Die Ausgabe wäre ein reiner Geschäftsumsatz. Und im Vergleich zu der ausgefeilten Sicherheitstechnik, die sie sich vor Längerem in ihrem Haus in der Concordiastraße hatte einbauen lassen, würde die Rechnung der Fake-Kamera kein Loch in ihr Budget reißen.

Sie fuhr den Rechner hoch. Eigentlich hätte sie sich die Ausgaben für die professionell gestaltete Webseite sparen können. In der Stadt kannte man sie mittlerweile. Die »Miss Marple Frankens« wurde sie genannt, was ihr nicht besonders gut gefiel, schließlich war die Schnüffelei ihr Beruf und kein verschrobenes Hobby. Launige Artikel im »Fränkischen Tag« oder kleine Einlassungen auf »TV-Oberfranken« halfen jedoch, ihre Bekanntheit im Weltkulturerbe hochzuhalten. Rasch ging sie in den kleinen Nebenraum, setzte Wasser für Kaffee auf und betrachtete dann halb amüsiert, halb missmutig ihre persönliche Homepage. Jedes Mal ein eigenartiges Gefühl, ihr Angebot selbst zu lesen. Als habe sie es für sich selbst geschrieben. Katinka grinste unwillkürlich. Ob irgendein Klient aufgrund der schicken Aufmachung zu ihr vorstoßen würde? Eine Detektivin suchte man sich in höchster Not und nicht zur abendlichen Unterhaltung wie eine DVD.

Sie checkte ihre Mails. Außer dem üblichen Spam nicht viel. Nur Dante Wischnewski bombardierte sie wieder mit vermeintlich hochspannenden Links. Der Lokalreporter beim »Fränkischen Tag« war seit geraumer Zeit ihr Mieter und residierte in einer der beiden Dachgeschosswohnungen. Über ihrer. Sie bewohnte das mittlere Stockwerk, ebenso wie Hardo, dessen Wohnung gleich neben ihrer lag. Im Erdgeschoss wechselten sich semesterweise Studenten ab. Manchmal war ihr gar nicht bewusst, wer von den jungen Leuten nun dort wohnte oder nur zu Besuch aufkreuzte. Aber anders als sie selbst, gab sich Dante mit den anstehenden Renovierungsarbeiten in dem alten Kasten redlich Mühe.

Katinka öffnete Dantes Mail.

»Frau Palfy, Bamberg steht im Bann von Bert Brecht!«
Sie grinste. Ja, der große Bert. Wäre vor ein paar Wochen 120 geworden, und auch in Bamberg gab man sich Mühe mit dem einst in Ungnade gefallenen Kommunisten. Sogar Hardo stürzte sich in Unkosten, trieb in Antiquariaten immer mehr Erstausgaben auf. Hauptkommissar Harduin Uttenreuther, seines Zeichens Leiter der Bamberger Mordkommission und Katinkas Lebenspartner, hatte Germanistik studiert, bevor er zur Polizeiarbeit gefunden hatte. Literatur faszinierte ihn immer noch, und in schöner Regelmäßigkeit machte er sich daran, die Werke eines bestimmten Schriftstellers möglichst umfassend zu rezipieren. Sie hatte nicht schlecht gestaunt, als er sich am 10. Februar einen Tag freigenommen hatte, um bei geschlossenen Jalousien den »Kaukasischen Kreidekreis« zu lesen. Sie selbst war an jenem verregneten, kalten Tag zu einer Observation aufgebrochen, während Hardo an Brechts Geburtstag im Warmen blieb und sich den schönen Dingen widmete.

Halbherzig klickte Katinka auf den Link. Da wurde angekündigt, dass Schüler des Kaiser-Heinrich-Gymnasiums genau dieses Stück aufführen würden – in zwei Wochen im Bamberger Theater. Dante schrieb, er könne Karten besorgen. Anscheinend versuchte er weiterhin, sich bei Hardo beliebt zu machen, nachdem dieser die Anwesenheit des Rasenden Reporters unter demselben Dach nicht allzu prickelnd fand. Katinka wurde den Verdacht nicht los, dass ihren Liebsten eine gewisse Eifersucht umtrieb, was Dantes regelmäßige Beteiligung an ihren Ermittlungen betraf.

Jemand klopfte von außen gegen die Tür. Katinka hob den Kopf.

»Es ist offen!«

Eine Frau trat ein. »Guten Tag.«

Eine Auswärtige, dachte Katinka.

»Grüß Gott, bitte kommen Sie herein.« Sie stand auf, während ihre Besucherin die Tür schloss und sich unsicher umsah.

»Ich bin Katinka Palfy, was kann ich für Sie tun?« Katinka wies auf einen ihrer Besuchersessel. »Nehmen Sie Platz.«

»*Sie* sind die Detektivin?«

Das musste nun wirklich jeder fragen. Wie stellte sich die Mehrheit der Bevölkerung wohl eine Detektivin vor? Erwarteten sie ein versoffenes Schrapnell, das schief über der Schreibtischplatte hing und mit zitternden Fingern einen Revolver ölte?

»Die bin ich. Womit kann ich helfen?«

Die Frau warf sich theatralisch auf einen der Sessel. Sie wirkte ziemlich künstlich: viel Nagellack, viel Schminke, gefärbte Haare, Marke Einheitstunke. Goldschmuck, an jedem Finger ein Ring.

»Ich bin Ruth Pessel. Ich vermisse meine Tochter.«

Instinktiv griff Katinka nach ihrem Block. Die Sache würde sehr persönlich werden, sehr schmerzvoll, ganz anders als die Fälle von Wirtschaftsbetrug und -spionage, die sie hauptsächlich bearbeitete.

»Ich höre.«

»Wir, Fanny und ich, haben eine Reise gemacht, auf

einem dieser Flussschiffe. Sie wissen …?« Ruth Pessel sah Katinka fragend an.

Wie nicht, dachte Katinka sarkastisch. Die von den Schiffen ausschwärmenden Touristengruppen sorgten in ihrem geballten Auftreten fortwährend für Diskussionen in der Stadt, die auf die Umsätze aus dem Geschäft mit den Gästen zwar angewiesen, aber rein räumlich längst an ihre Grenzen gestoßen war. Katinka erinnerte sich an eine Horde Amerikaner, die vor Tagen durch die schmale Hasengasse geschwärmt war, sie schließlich wie ein Korken verstopft und eine gefühlte Stunde den knödeligen Ausführungen eines Gästeführers genau vor Katinkas Tür gelauscht hatte, während Eltern mit Kinderwagen und Bamberger auf Einkaufstour kaum mehr durchgekommen waren. Zudem hatte die meisten Touristen ein unerklärlicher Hunger nach Snickers überfallen, und Katinka war später mit dem Handbesen unterwegs, um die Reste aufzukehren.

»Sie haben eine Reise gemacht, sagten Sie«, begann Katinka, als ihr Gegenüber in Schweigen fiel. »Heißt das, die Reise ist zu Ende?«

»Wir sind vorgestern hier in Bamberg angekommen und wurden zum Stadtgang abgeholt. Mit Bussen. Wir gehörten zur grünen Gruppe. Wurden als Erstes zum Dom gebracht. Ich verlor den Überblick, es war alles gestopft voll mit Leuten, und als wir wieder rauskamen, war Fanny weg.« Ruth Pessel presste die Hände auf ihr Gesicht, wobei sie aufpasste, das Make-up nicht zu verwischen.

»Seitdem haben Sie Ihre Tochter nicht mehr gesehen?«
»Nein. Sie geht nicht an ihr Handy.«

»Wie alt ist Ihre Tochter?«

»25.«

Gut, dachte Katinka erleichtert. Wenigstens kein Teenager, der der großen Liebe hinterherjagte.

»Waren Sie bei der Polizei?«

»War ich. Die Reiseleiterin hat mich begleitet. Immerhin bin ich Ausländerin, obwohl ich in Deutschland geboren bin.«

»Wo leben Sie denn?«, fragte Katinka neugierig.

»In Australien. Melbourne. Meine Eltern wanderten aus, als ich ganz klein war, aber zu Hause sprachen wir weiter Deutsch, und ich bezeichne die Sprache nach wie vor als meine Muttersprache.«

»Spricht Ihre Tochter auch Deutsch?«

»Sehr gut sogar.« Erstaunt ließ Ruth die Hände sinken.

»Sie könnte sich also alleine durchschlagen?«

»Könnte sie. Aber ich habe Angst, dass ihr etwas passiert ist. Weil sie niemals mal eben verschwinden würde. Ich habe wirklich Angst. Bei der Polizei sagten sie mir, man könne nicht viel machen, man würde zwar die Augen aufhalten, aber … Sie verstehen? Als Mutter macht man sich Sorgen. Fanny und ich haben eine sehr enge Beziehung. Sie würde nie ohne ein Wort wegbleiben. Ich bin vom Schiff runter mit unserem ganzen Gepäck und hier in ein Hotel gezogen. Um vor Ort zu sein.«

»Haben Sie in der Reisegruppe herumgefragt, ob jemand etwas mitbekommen hat? Hat Fanny sich mit jemandem getroffen?«

»Niemand hat auf sie geachtet.«

»Wo haben Sie gemerkt, dass sie nicht mehr da ist?«

»Sobald wir aus dem Dom herauskamen.«

»Haben Sie ein Foto Ihrer Tochter?«

Die Frau kramte in ihrer Handtasche nach einem Handy. Wortlos schob Katinka einen Zettel mit ihrer Handynummer über den Schreibtisch. Ruth Pessel nickte und schickte ein paar Bilder.

»Sie ist eine hübsche Frau.« Fanny war sehr zierlich, sah auf eine bezaubernde Weise verletzlich aus, obwohl sie durch ihre knabenhafte Frisur mit den kurzen braunen Locken einen Kontrapunkt setzte. Katinka legte ihr Telefon weg.

»Sie haben also keine Ahnung, wo sie abgeblieben ist?«

Ruth seufzte. »Wissen Sie, sie ist verheiratet. Mit Louis. Louis Chatwin. Ich mag ihn nicht. Er erscheint mir … nun … ich vermute … befürchte … dass er manchmal gewalttätig ist.«

»Er schlägt Fanny?«

»Ich habe den Eindruck, dass er zu Gewalt neigt. Fanny ist zu Hause in Melbourne immer angespannt. Sie ist arbeitslos. Als Englischlehrerin, nachdem ich eine Menge Geld in ihr Studium gepumpt habe. Sie verstehen mich nicht falsch, wenn ich sage, dass man als Alleinerziehende unter Druck steht.«

Aber eine teure Kreuzfahrt auf einem Fluss am anderen Ende der Welt machen!, dachte Katinka. So viel zu glaubwürdigem Jammern und Klagen.

»Sie haben die gemeinsame Zeit auf dem Schiff sicher genossen?«

»Oh ja! Es ist eine wunderbare Sache. Für alles ist gesorgt auf so einem Cruiser. Die ›Emerald Star‹ ist eines der schönsten und modernsten Schiffe!«

»Fannys Ehemann wollte nicht mit?«

»Nein, wir beiden Frauen hatten die Kreuzfahrt nur für uns geplant. Seit Fanny geheiratet hat, haben wir wenig Zeit miteinander verbracht. Das ist ja normal. Junges Glück, der Aufbruch in ein gemeinsames Leben … Louis ist auch Lehrer. Sie haben sich an der Schule kennengelernt, wo sie beide arbeiteten, aber vor nicht allzu langer Zeit wurde Fanny entlassen. Ich wollte ihr diese Reise spendieren, damit sie auf andere Gedanken kommt.«

»Sie sagen, Louis neigt zu Gewalt?«

»Er nimmt ab und zu Drogen. Fanny sagt, er kifft nur. Wenn Sie mich fragen: Was für ein Beispiel gibt er seinen Schülern?«

»Hat er es seiner Frau übel genommen, dass sie ohne ihn in den Urlaub fährt?«, insistierte Katinka.

»Nein.« Ruth schüttelte entschieden den Kopf. »So tickt er nicht. Er ist ein guter Kerl. Und er muss arbeiten.«

Katinka verstand nicht ganz, wie sie den guten Kerl mit einem gewalttätigen Ehemann deckungsgleich kriegen sollte.

Ruth schien ihre Zweifel zu spüren. Sie legte nach: »Wissen Sie, er muss sie ja nicht schlagen, aber er … ich habe den Verdacht, dass er sie seelisch im Schwitzkasten hat, dazu die Arbeitslosigkeit …«

»Glauben Sie, dass Louis etwas mit Fannys Verschwinden zu tun hat?«

Ruth zuckte die Schultern. Sie starrte aus dem Fenster in die düstere Gasse. »Darüber zerbreche ich mir den Kopf. Aber was sollte er tun? Sie kidnappen? Das halte ich für unwahrscheinlich. Also … ich habe eher die Befürchtung, dass … wissen Sie, wir haben auf der Reise ab und zu gestritten, Fanny und ich. Ich bin der Ansicht, dass weder ihre Ehe noch ihre Arbeitslosigkeit eine besonders gute Voraussetzung für die nächsten Jahre darstellt. Man muss doch Weichen stellen. Wobei ... wie soll ich sagen ... vielleicht hätte ich mit meiner Meinung etwas zurückhaltender sein können.«

»Fanny war wütend auf Sie?«

»Wütend nicht, nein. Sie sieht die Dinge einfach anders als ich, und als Mutter weiß man, dass alles Reden nichts bringt, ein junger Mensch muss seine eigenen Erfahrungen machen, selbst wenn sie schmerzvoll sind.«

Vor allem, wenn der sogenannte *junge Mensch* 25 ist, dachte Katinka.

»Haben Sie Louis schon Bescheid gesagt, dass seine Frau verschwunden ist?«

»Noch nicht. Wenn sich alles schnell aufklärt, muss er das gar nicht wissen.«

»Das Schiff ist sicher längst weiter?«

»Heute sollte die ›Emerald Star‹ in Regensburg eintreffen und bis morgen bleiben.«

Katinka beugte sich vor. »Würde Fanny sich etwas antun? Wäre das im Bereich des Möglichen?«

»Nein! Nie!«

Katinka erläuterte ihre Geschäftsbedingungen und kassierte den Vorschuss. Gedankenverloren sah sie Ruth Pessel zu, wie sie ihre monströse, goldbetresste Handtasche unter den Arm klemmte und die Detektei verließ.

5

Katinka passte Edith Berger am Dom ab.

»Ich muss weiter, wir haben noch einiges auf dem Programm.«

»Es dauert wirklich nicht lang. Führen Sie da gerade die Leute von einem der Schiffe?«

»Ja. Was wollen Sie denn? Wie kommen Sie eigentlich auf mich?«

Es war für Katinka ein Leichtes gewesen, bei der Touristeninformation herauszufinden, welche Gästeführerin vor zwei Tagen die grüne Gruppe der »Emerald Star« durch Bamberg geführt hatte.

»Es geht um einen Vermisstenfall. Eine junge Frau von der ›Emerald Star‹.«

»Ach, von dem tollsten aller Schiffe.«

»Sie sagen das so spöttisch.«

»Na, ich werde die Hand, die mich füttert, nicht beißen.« Edith Berger lächelte halbherzig. Sie schleppte eine große Umhängetasche mit sich herum, ein Headset hing um ihren Nacken. In der Hand hielt sie eine Art Schülerlotsenkelle in Grün. Good-Old-Europe-Tours stand darauf. »Manchmal überkommt mich allerdings ein gewisser Überdruss. Die Leute schlurfen durch die Altstadt, hören mir höflich interessiert zu und wollen so schnell wie möglich vor allem eins: shoppen.«

»Vorgestern war eine junge Frau in dieser Gruppe dabei. Fanny Chatwin. Mit ihrer Mutter.« Katinka zeigte die Fotos auf ihrem Handy.

»Und die ist verschwunden?«

»Direkt aus dem Dom. Sie reiste mit ihrer Mutter.«

»Ich erinnere mich an die beiden. Frostiges Schweigen.«

»Zwischen Mutter und Tochter?«

»Exakt. Dagegen hat sich ein Herr vom Schiff sehr für die junge Frau erwärmt. Er hätte ihr Großvater sein können.«

»Erwärmt?«

»Na, Sie wissen schon. Klebte mit beiden Augen an ihr. Ihrem Busen, ihrem Hintern. Der wirkte, als wäre er auf Speed. Geriet fast in Ekstase. Statt auf das Kaisergrab hat er auf ihre Titten gestarrt.«

»Wissen Sie seinen Namen?«

»Ich glaube, er hieß Bruce. War mit seiner Frau unterwegs. Die rief ihn zur Ordnung. Wusste, was abging. Anscheinend ist das sein typisches Handlungsmuster.«

»Die Anbaggerei?«

»Klar! Die alten Kerle legen es doch drauf an. Deswegen unternehmen sie eine Kreuzfahrt.«

»Wirkte er irgendwie zudringlich?«

»Im Dom? Ich bitte Sie! Da halten sich sogar die brünftigsten Hirsche zurück.«

Katinka lachte. »Ist Ihnen aufgefallen, dass einer von den beiden, Fanny oder Bruce, mit jemandem gesprochen hat? Eventuell mit einer Person, die nicht zur Reisegruppe gehörte?«

»Nein. Bruce keinesfalls. Er hielt sich immer neben seiner Frau, so einer kleinen, drahtigen, an der nichts mehr dran ist, was sich anzufassen lohnt.«

»Und Fanny?«

»Ich kann es nicht sagen. Man konzentriert sich auf den Vortrag, die Fremdsprache.«

»Sie haben die Gruppe doch durch die Altstadt begleitet. Wann ist Ihnen aufgefallen, dass Fanny nicht mehr dabei war?«

»Ehrlich gesagt: Es fiel mir nicht auf. Erst jetzt, wo Sie fragen …« Edith Berger rückte die Schultertasche zurecht. »Auf der Oberen Rathausbrücke, da sah ich, wie ihre Mutter ständig auf ihr Handy starrte. Hektisch drauf herumtippte.«

»Also könnte Fanny zu dem Zeitpunkt schon weg gewesen sein, und sie versuchte, ihre Tochter mit einer Textnachricht aufzuspüren.«

»Klingt ziemlich wahrscheinlich.«

»Zählen Sie die Gruppe nicht durch?«

»Nein, ich frage bloß herum, ob alle da sind, oder …«

»Ich mache Ihnen keine Vorwürfe!«, sagte Katinka schnell.

»Sie entschuldigen. Ich muss weiter!«

»Danke für die Auskunft. Könnte ich Sie telefonisch erreichen, wenn …«

Edith Berger angelte eine Visitenkarte aus ihrer Tasche. »Ich spiele auch den Guide für Privatleute, die sich für unsere schöne Stadt interessieren.«

»Danke!« Katinka steckte die Karte ein.

6

Als Kind war Katinka oft in Regensburg gewesen. Sie stammte aus Wien, und die Fahrt nach Deutschland hatte meist den Besuch bei einem Kollegen ihres Vaters zum Ziel gehabt, einem Architekten, der vor lauter Preisen und Ehrungen sowie den der Feier dieser Ereignisse angemessenen Mengen an Rotwein zu einem enormen Fleischklops angeschwollen war. Er hatte bereits zu Zeiten des Eisernen Vorhangs in Prag und Bratislava, in Budapest und Warschau gebaut, besaß belastbare Geschäftsverbindungen in den Osten, und Ignaz Palfy gierte danach, an diese Kontakte anzudocken. Deshalb spürte Katinka eine gewisse Vertrautheit, als sie in ihrem neuen Kleinwagen, den Hardo halb respektvoll, halb herabwürdigend »Italiener« nannte, die Autobahn verließ und sich über die B8 zum Hafen vorarbeitete.

Sie hatte unterwegs versucht, von dem Reiseveranstalter, für den die »Emerald Star« fuhr, Informationen zur Reiseroute inklusive der exakten Liegezeiten zu bekommen, aber man war am Telefon ziemlich zurückhaltend gewesen. Auch von ihrer Freundin Sabine, Polizeiobermeisterin und oft Hardos rechte Hand, bekam sie keine näheren Angaben zum Vermisstenfall Fanny Chatwin.

Während der anderthalbstündigen Fahrt hatte sie verschiedene Möglichkeiten im Kopf abgearbeitet. Eine erwachsene Frau verschwand nicht einfach so. Mitten am hellen Tag in Bambergs Innenstadt entführt zu werden, schien ebenfalls unwahrscheinlich. Blieb die Mög-

lichkeit, dass Fanny sich mit jemandem getroffen hatte –
und dieses Treffen dazu führte, dass sie nicht mehr aufs
Schiff zurückkehrte. Katinka wurde den Gedanken nicht
los, dass Fanny freiwillig abgetaucht sein konnte. Natürlich, Unfälle gab es immer und überall, es waren schon
Leute in der Regnitz ertrunken, meist war Alkohol im
Spiel gewesen. Doch Alkohol und Drogen schienen nicht
recht zu dem Bild zu passen, dass sie sich durch Ruths
Erzählung von der jungen Australierin gemacht hatte. Sie
hatte eher eine vernunftbegabte Frau vor Augen, die ein
wenig Pech gehabt hatte. Im Beruf und in der Wahl ihres
Ehemannes. Wobei natürlich beides zu regeln war.

Katinka rollte an Firmengebäuden vorbei. Hauptsächlich Logistikunternehmen und die Brauerei Thurn&Taxis
hatten sich hier niedergelassen. Sie stellte den »Italiener«
auf dem Parkplatz einer Umzugsfirma ab und schlenderte
die Stichstraße zum Hafen hinunter. Möwen kreischten,
es roch nach Malz. Die Sonne tat sich schwer, gegen den
Dunst anzukämpfen. Nässe lag in der Luft, soweit sie
sich erinnerte eine typische Regensburger Eigenart. Die
Donau bestimmte die Luftfeuchtigkeit. Der gewichtige
Architekt hatte damals viel über das Wetter geklagt. Ein
paar Mal atmete Katinka tief durch.

Am Kai sah sie mehrere Kreuzfahrtschiffe mit spiegelnden Panoramascheiben, hübsch hintereinander aufgereiht,
teils nebeneinander vertäut. Es roch leicht nach Brackwasser. Die Schiffe lagen ruhig im Hafenbecken, an Bord war
niemand zu sehen; wahrscheinlich befanden sich die Passagiere noch auf Besichtigungstour. Sie ging langsam den
Kai hinunter. »River Gem«. »Splendida Mia«. Und die
»Emerald Star«. Tatsächlich das größte Schiff, zudem das

breiteste. Katinka fragte sich, wie es der Kapitän schaffen mochte, den Kasten in die engen Schleusen entlang des Main-Donau-Kanals zu bugsieren.

Katinka setzte sich auf einen Poller. Sie schloss den Reißverschluss ihrer Softshelljacke. Für das großzügige Sonnendeck der »Emerald Star« war es eindeutig zu kühl. Hinter den Panoramascheiben auf dem obersten Deck machte sie weiß eingedeckte Tische aus und eine Kellnerin, die die Positionen der Weingläser überprüfte. Hier eines zurechtrückte. Dort eines auswechselte. Ein schwimmendes Luxushotel. Ein Soziotop auf Zeit, ein Panoptikum und für alle Menschen mit Interesse an sozialen Zusammenhängen sicher ein Quell der Erkenntnis.

Sie ging zurück zum Auto, zog sich eine Warnweste über die Jacke und nahm das Klemmbrett heraus, das sie in ihrem Kasten mit Ausrüstung aller Art mitführte. Sie entschied sich gegen die Beretta und legte lieber den Gurt mit der Maxi-Maglite um. Sie würde auf den ersten Blick wie eine Mitarbeiterin der Hafenverwaltung aussehen, und bis jemand einen zweiten Blick riskierte, wäre sie längst weg.

Eine Viertelstunde später näherten sich drei Reisebusse dem Kai. Katinka hielt sich im Hintergrund. Die Busse spien ihre Fracht aus. Die gehörten allerdings nicht zur »Emerald Star«, sondern zu einem Cruiser, der rein größenmäßig mindestens zwei Kategorien darunter lag. Zwei Stewards brachten die Gangway aus und begrüßten die Gäste an Bord. Jeder Passagier zog ein Kärtchen durch ein Lesegerät. Wessen Daten akzeptiert waren, galt als eingeschifft.

Katinka überlegte kurz, ob Fanny sich irgendwie anders an Bord geschlichen haben könnte, verwarf den Gedanken aber sofort. Selbst wenn sie die offizielle Einschiffung umgangen hatte, wo sollte sie sich auf dem Schiff aufhalten? Die »Emerald Star« besaß sicher den einen oder anderen versteckten Winkel, doch um Tage ungesehen an Bord zu bleiben, musste man mit Sicherheit eine Reihe von Kameras ausschalten.

Und wenn sie nur einen Hafen weiter mitgefahren war?

Katinka sah den Reisebussen nach, die wendeten und davonfuhren. Fanny hätte vom Stadtgang früher zurück sein und mit einem beherzten Satz auf einen der Balkone im oberen Deck springen können. Man musste dafür nicht besonders sportlich sein, nur Mumm haben. Aber was hätte die Aktion für einen Sinn?

Womöglich hatte Fanny schlicht Sehnsucht nach ihrem Mann gehabt, hatte noch vorgestern einen Flug nach Australien gebucht und war längst weg. Oder ihr Gatte hatte sie irgendwie unter Druck gesetzt und zurückbeordert.

Auf der »Emerald Star« tat sich was. Zwei Männer in Schiffsuniform fuhren eine Gangway vorn aus. Einer kehrte zurück in den Bauch des Schiffes, während der zweite auf den Kai trat und eine Zigarette anzündete.

»Hi!« Katinka ging auf ihn zu.

»Hallo.« Er pumpte Nikotin in seine Lungen. »Wir liegen in der Zeit, keine Sorge.«

Katinka ahnte, dass ihre Tarnung gut genug war, um eine Weile zu halten. Sie durfte nur nicht allzu unpassende Fragen stellen.

»Die übliche Route?«

»Weiter nach Passau, Linz, Wien, Bratislava, Budapest.«

Katinka nickte wissend. Sie fischte eine Packung American Spirit aus der Jackentasche. Er gab ihr Feuer. Sie erhaschte einen Blick auf das Namensschild an seinem Revers. Jan Fricke.

»Schönes Wetter heute«, sagte sie. »Jedenfalls für unsere Verhältnisse.«

»Ich komme aus Rostock. Im Vergleich zu da oben ist es hier schnuckelig.«

Katinka stieß den Rauch aus. Sie rauchte eigentlich nur, um im Kontext von Ermittlungen mit Leuten ins Gespräch zu kommen. In der kühlen, feuchten Luft genoss sie den Glimmstängel sogar. »Seid ihr nicht das Schiff, von dem eine Frau verschwunden ist?«

»Spricht sich ja schnell rum.«

»Tun solche Sachen immer.«

Er grinste. »Wir haben jetzt eine Kabine frei. Du könntest mitfahren.« Er warf einen Blick auf ihr Klemmbrett. »Wobei: Wir beide sind Leute, die nie solche Reisen machen werden. Nur beruflich. Nicht zum Vergnügen.«

»Stimmt.«

»Die Mutter von dieser Frau, die veranstaltete einen Krawall, der war wahrscheinlich bis zum Grund des Hafenbeckens zu hören.«

»Kein Wunder, oder?«

»Die soll mal nicht so tun. Die beiden haben sich nämlich nicht besonders verstanden. Ich habe ihren Tisch oben im Restaurant bedient.« Er wies auf die Panoramascheiben. »Die Junge, die hat sich nicht sehr amüsiert. Ich sag sowieso, Kreuzfahrten sind was für Rentner. Aber sie sind mein Job, da halte ich schön den Mund.«

»Urlaubsglück für Tattergreise.«

Er lachte, warf die Kippe ins Hafenbecken. »Die Tochter, die hat immer ganz abwesend geguckt und sich kaum an den Gesprächen am Tisch beteiligt. Ich meine, der ganze Smalltalk und so. Bin ich sowieso nicht der Typ für.«

»Ich genauso wenig.« Auch Katinka warf den Zigarettenstummel weg.

»Es heißt immer, es wäre unsozial, wenn man sich lieber mit seinem Handy beschäftigt als mit den Leuten, die gerade um einen rum sind. Kommt allerdings ziemlich auf die Qualität der Anwesenden an. Jedenfalls hat die Tochter ziemlich viel auf dem Smartphone rumgetippt, wenn Sie mich fragen. Das Handy, der wichtigste Seelentröster der Ermatteten.« Er wandte sich der Gangway zu.

»Also hatte sie keine Freunde an Bord, wie?« Katinka senkte die Stimme. »Oder einen Lover?«

Der Steward zuckte die Achseln. »Falls jemand da was anfängt, kriegen es sofort alle mit. Entweder man findet das gut, dann kann man sich auf was einlassen. Oder man verzichtet dankend. Nicht alle sind so entspannt drauf wie der alte Lornan.«

»Wer?«

»Mr. Lornan aus Brisbane. Hinter jedem Rock her, der an ihm vorbeitänzelt. Call me Bruce, Darl. Gibt gute Trinkgelder. Du verstehst?«

Katinka lachte. »Na, dann will ich mal.« Sie winkte halbherzig mit dem Klemmbrett.

Schlenderte zur »Splendida Mia«. Als sie sich umsah, war ihr Gesprächspartner wie vom Erdboden verschluckt.

7

»Na, wie läuft der Sprachkurs?« Ines betrachtete ihre Mitbewohnerin auf Zeit wohlwollend. Sie mochte es, Leute um sich zu haben, und seit sie sich von ihrem Mann getrennt hatte, fiel ihr zu Hause die Decke auf den Kopf. Sie würde beim Studentenwerk anfragen, ob sie das Zimmer nicht dauerhaft an eine Studentin vermieten könnte.

»Ach, ganz nett.«

»Willst du einen Tee?«

»Gern.«

»Nach dem Dienst mache ich mir immer eine ganze Kanne. Da kann ich abschalten. Manchmal muss ich auch erst mal eine Stunde fernsehen.« Ines lachte verlegen. »Viele Sachen gehen einem halt nahe.«

»Wo arbeitest du?«, fragte Sandra.

»Ich bin Krankenschwester.« Ines machte sich am Wasserkessel zu schaffen. »Ich habe selbst mal eine Reise nach England gemacht. Vor Ewigkeiten. Bevor ich im Beruf stand und so.«

»Das war bestimmt schön.«

»Absolut. Wo kommst du nochmal her?«

»Aus Halifax. West Yorkshire.«

»Ach, so weit rauf bin ich damals nicht gekommen. Ich habe mir den Süden angesehen, London natürlich, Cornwall und Wales. Mann, war das aufregend. Das erste Mal allein und gleich in einem fremden Land unterwegs.«

»Kann ich mir vorstellen.«

»Bist du das erste Mal in Deutschland?« Ines goss das sprudelnde Wasser über die Teeblätter.

»Nein, ich war schon mal im Urlaub in Norddeutschland. Hamburg vor allem.«

»Bamberg ist ganz anders. Barock, Mittelalter, klein und beschaulich. Garantiert kein Tor zur Welt.«

»Wie man es nimmt.«

»Findest du?« Ines stellte zwei Tassen auf den Tisch.

Sie bekam keine Antwort. Hatte den Eindruck, ihre Gesprächspartnerin suchte nach den passenden Worten, was sie gut verstehen würde, schließlich musste sie sich in einer Fremdsprache ausdrücken. Ines freundete sich immer mehr mit dem Gedanken an, das Zimmer auf Dauer an eine ausländische Studentin zu vermieten. So bekäme sie wenigstens noch etwas mit von der Welt.

*

WhatsApp 2

Läuft alles grad nicht so toll bei mir. Hatte ich schon befürchtet, also keine echte Überraschung, wie? Hoffe, du hast eine gute Zeit und tolle Auftritte. Vermisse dich. LOVE.

Fanny

8

Die Türen des Reisebusses öffneten sich zischend. Bevor die Passagiere aussteigen konnten, sprang Katinka die Stufen hinauf neben den Fahrer.

»Ist Bruce Lornan hier?«

Der Fahrer zückte ein Mikrofon. »Fragen Sie noch mal.«

»I'm looking for Mr. Bruce Lornan.« Das Mikro schepperte.

Stille. Das eben noch angeregte Plaudern versickerte. Nun lag Neugier in der Luft.

»That's me.« Ein Mann in der zweiten Reihe stand auf und kam auf Katinka zu. Witternd. Umsichtig, aber nicht ängstlich.

»Have you got a minute?«

Er zuckte nur die Achseln. »Sure, Darl.«

Katinka hüpfte aus dem Bus. Ihr entging nicht der giftige Blick der Frau, die neben Bruce am Fenster gesessen hatte und ihnen beiden nun verbittert nachsah.

»Was gibt es denn?«

Katinka musterte den Mann. Er sah sie selbstbewusst an. Einer, der hinter jedem Rock her war, eine frustrierte Ehefrau ertrug und das Leben ansonsten als Spiel betrachtete.

»Katinka Palfy, Privatdetektivin.« Sie entschied sich für die Wahrheit. »Ich bearbeite das Verschwinden von Fanny Chatwin.«

»Ach, hat Ruth Sie engagiert?« Er setzte ein breites Lächeln auf. Weiße Zähne. Dentalkunst der höchsten

Klasse. Der Mann hatte Geld. Und er hatte Bedürfnisse. Beides zusammen sprach Bände über die entsprechenden Möglichkeiten.

»Welchen Eindruck hatten Sie von Fanny?«

»Sie ist eine verdruckste junge Frau. Gefangen in ihrer eigenen Gedankenwelt.«

»Sind wir das nicht alle?«

»Fanny ist jedenfalls nicht glücklich.«

»Wissen Sie, ob sie sich während oder nach der Besichtigung in Bamberg mit jemandem getroffen hat?«

Sein Blick flackerte. »Warum fragen Sie das?«

»Sie waren bei der Stadtführung dabei, oder?«

Er zögerte kurz. »Klar.«

Katinka senkte die Stimme. »Sie hatten was anderes vor?«

Er lachte leise. Schalk glitzerte in seinen Augen. »Wenn Sie es nicht meiner Frau sagen …«

»Was hatten Sie denn auf der Agenda?«

»Was Schönes?«, grinste er mit fragendem Tonfall.

Katinka musste lächeln. Der Mann hatte Charme, er würde so gut wie jede Frau zum Lachen bringen.

»Entweder wird Fanny mit Gewalt davon abgehalten, Kontakt zu ihrer Mutter aufzunehmen, oder sie ist freiwillig abgetaucht. Haben Sie dazu eine Meinung?«

Bruce verlagerte sein Gewicht auf das rechte Bein. Er stand jetzt da wie ein schlaksiger Jugendlicher, der dringend einen Joint rauchen wollte. »Ruth ist eine ziemlich nervige Person. Aufgedonnert und so, aber nichts dahinter. Da ist kein Humor. Kein bisschen Tiefgang. Ich mag Frauen mit Humor.«

Aus den Augenwinkeln sah Katinka, wie die Passagiere

vom Bus zur Gangway schlenderten und dort ihre Bordkarten am Lesegerät scannten. Jan Fricke und sein Kollege begrüßten alle wie lang vermisste Verwandte.

»Sie haben sich jedenfalls für Fanny interessiert.«

»Na, wissen Sie, sie war die Jüngste an Bord. Und nett. Echt nett.«

»Sie soll angeblich Probleme in ihrer Ehe haben.«

»Wer hat die nicht?« Er lachte dröhnend.

»Sie?«

»Scheiße, Darling, ich bin seit 40 Jahren verheiratet, den Rest der Zeit halte ich auch noch durch.«

»Was hatten Sie in Bamberg vor? Nach der Stadtbesichtigung?«

Spöttisches Augenfunkeln. »Wenn Sie von mir wissen wollen, ob ich es für möglich halte, dass jemand Fanny was angetan hat, muss ich Sie enttäuschen. Ich habe nichts beobachtet. Wir kamen aus dem Dom raus, und plötzlich war sie weg. Wir sind über 20 Leute in der grünen Gruppe, da hat man es relativ leicht, wenn man ausbüxen will.«

»Haben Sie was über Fannys Ehemann mitgekriegt?«

»Hören Sie, Miss Marlowe, für Ehemänner interessiere ich mich nicht.«

»Aber Sie haben sicher den Klatsch gehört?«

»Er soll wohl ein übler Knabe sein.«

Katinka schenkte ihm ein Lächeln. Es funktionierte.

»Na gut. Fanny hat einen dicken Bluterguss am Arm. An Bord lief sie mit kurzen Ärmeln rum. Der Oberarm funkelte grünlich. Muss also schon eine Weile her sein, die Verletzung. War's das? Ich möchte die Abfahrt nicht verpassen.«

Katinka reichte ihm ihre Karte. »Rufen Sie mich an.«

Er steckte die Karte ein. »Wenn Sie Fanny finden, wie gehen Sie vor?«

»Ich frage sie, ob sie gefunden werden will. Wenn nicht, werde ich ihrer Mutter gegenüber meinen Misserfolg eingestehen.«

Bruce Lornan verzog die Lippen. »Sie sind ziemlich clever.«

»Sie auch.«

Er blickte überrascht auf. »Okay, Lady, ich melde mich dann bei Gelegenheit.«

Katinka verkniff sich ein Schmunzeln, als sie ihn stehen ließ und langsam zu ihrem Wagen zurückspazierte. Sie spürte seinen Blick im Rücken, drehte sich aber nicht um.

9

Kurz vor 18.00 Uhr betrat Harduin Uttenreuther das Antiquariat Rath. Die Türglocke schellte schrill. Er tauchte in das Aroma von Büchern ein. Bücherstapel auf Regalen, Tischen, Stühlen und dem Boden.

»Ach, der Herr Hauptkommissar!«

Hardo schüttelte die dargebotene Hand. »Und, Michael?«

»Das Buch ist noch nicht eingetroffen.« Der Antiquar schien die Enttäuschung seines Freundes und Kunden förmlich zu riechen. »Ich bin weiter dran. Kann nicht mehr lange dauern.«

»Wie geht's dir so?«

»Den Umständen entsprechend gut.« Michael Rath stand von seinem Klappstuhl auf und erreichte damit die beeindruckende Größe von 1,89 Meter. Neben ihm sah selbst Hardos massiger Körper klein aus.

»Will heißen?«

»Alte Weisheit. Die Umstände bestimmen das Leben.«

»Womit wir beim guten alten Brecht angekommen wären«, grinste Hardo.

Rath griff nach einer Flasche ohne Beschriftung. »Bist du noch im Dienst?«

»Heute nicht mehr.«

»Umso besser. Inzwischen hat es jeder gemerkt. Brecht-Jahr. Und die alten Hasstiraden flammen wieder auf.«

»Ach. So schlimm?«

Hardo griff nach dem Glas. Mandelaroma mit ein wenig Vanille.

»Auf dein Spezielles«, sagte Rath. »Das beste Jäckchen ist ein Konjäckchen.«

Sie stießen an.

»Du weißt ja, die Bundesrepublik konnte nie wirklich verknusen, dass Brecht sich 1953 bei der SED angebiedert hat.«

»Im Nachgang des Volksaufstands?«

»He, ich dachte, du bist Germanist!« Rath schenkte nach.

»Ich habe nie fertigstudiert. Du bist mir voraus«, grinste Hardo.

»Und sieh dich um, wo ich gelandet bin. Hätte auf meinen Vater hören und Volkswirtschaft studieren sollen.«

Sie lachten beide.

»Jetzt sind die Kapitalisten hinter Brechts Texten her. Die Sammler reißen sich um die Erstauflagen, du machst dir keine Vorstellungen.«

»Ich wollte nur …«

»Ich bin dran, Harduin, ich bin dran. Deine Wünsche werden bevorzugt behandelt, weißt du doch. Wie geht's Katinka?«

»Sie hat einen Vermisstenfall laufen.«

»Ach was.«

»Eine Touristin von einem dieser Kreuzfahrtschiffe.«

»Hör mir mit denen auf. Verstopfen die ganze Innenstadt. Am Sonntag war ich im Dom in der Messe. Als ich um halb zehn rauskam, standen schon x Gruppen in den Startlöchern. Geifernd, dass sie endlich ihr Besichtigungsprogramm starten dürfen. Fast lauter Graue.«

»Wir sind auch bald Rentner.«

»Du wirst Pensionär sein. Und ich werde arbeiten bis zum Umfallen. In ein paar Jahren hocke ich hier hinter meiner Kasse und halte ein Schläfchen. Wenn einer ein Buch will, weckt er mich halt auf. Ich brauche dann nicht mal mehr eine Wohnung.«

Hardo betrachtete seinen Freund zweifelnd. »Defätismus steht dir nicht. Und ich wusste nicht, dass du religiös bist.«

»Ab und zu muss man was für das Seelenheil tun. Als Bamberger zumal. Ich sitze direkt unterhalb des Doms. Da habe ich es nicht weit.«

»Denkst du übers Altern nach?«

»Was bleibt einem übrig bei diesem einsamen Geschäft hier. Komm, setz dich.« Rath zerrte einen Klappstuhl unter einem Tisch hervor. »Jedenfalls bringen mir die Touristen nichts. Ohne meine Stammkunden verarme ich.«

»Du solltest auf Souvenirs umsteigen.«

»Plüschbierkrüge und Lätzchen für Erwachsene, auf denen ›I love Franken‹ steht?« Michael Rath wirkte jung, sprühte vor Energie. Seine strahlend blauen Augen und das trotz fortgeschrittenen Alters strohblonde Haar gaben ihm ein skandinavisches Aussehen. Er wirkte wie einer, der viel auf Sport gab. Was er aber nicht tat. Er ging nach Geschäftsschluss spazieren. Meistens um die Altenburg, und der Weg hinauf war weit genug, um als Training zu gelten.

»Machst du immer noch deine abendlichen Gänge?«

»Rund um den Burgberg treibt sich allerhand komisches Volk herum, sobald sich das Tageslicht verzogen hat. Die Gegend meidet man im Winterhalbjahr lieber. Jetzt ist es abends zum Glück endlich länger hell.«

Hardo nickte. »Die Kollegen vom Rauschgiftdezernat lassen ab und zu die Hosen runter. Da wird dein Lieblingsspazierweg erwähnt.«

»Was in unserer heiligen Stadt an Drogen vertickt wird … Das ist ein Business, da sehe ich mit meinen paar Erstausgaben alt aus.«

»Apropos: Wo kriegst du sie her?«

»Geheimquelle. Nichts Illegales, guck nicht so. Übrigens, ich habe was für dich.« Rath griff in eine Schublade und zog ein zerfleddertes Bändchen heraus. »1957. ›Der Kaukasische Kreidekreis‹ als Schullektüre in den Gymnasien in Hessen.«

Hardo nahm das Buch in die Hand. Dünn, leicht, die Kanten der Seiten unbündig.

»Die Bindung hat gelitten. Ersetze mir das Porto und das Bündel Buchstaben ist dein.«

»1957 schon?«

»Da hatten sich die Behörden beruhigt. So geht das immer: Einige dich auf einem Gebiet, wo es keinem wehtut. Man trennte einfach den politischen Brecht vom poetischen Brecht, und flugs fanden sich ein paar Deutschlehrer, die den Schülern was fürs Leben mitgeben wollten.«

»Apropos Kreidekreis. Wie sieht es mit den Proben aus?«

»Die Jugendlichen nehmen das Stück sehr ernst.« Rath hob die Flasche. »Willst du noch einen?«

»Einen kleinen.«

Der Antiquar goss die Gläser voll.

»Ich habe so was bisher nie gemacht. Eine Schultheaterproduktion beraten.«

»In Bamberg bist du *der* Brecht-Kenner, und Insider wissen das.«

Rath lachte bellend. »Bezeichnest du Deutschlehrer als Insider?«

»Komm schon, hätte man dich sonst angeworben?« Hardo hob sein Glas.

»Als externen Experten haben mich schon so manche gebraucht. Die Schüler machen das gut, sie studieren den Text und lassen die Sekundärliteratur weg. Das war meine Bedingung. Nicht so viel Theorie. Lest den Kreidekreis-Text, lest ihn nochmal und dann noch drei Mal und beratet gemeinsam, wie ihr das Stück aufziehen wollt.«

»Wann soll die Premiere stattfinden?«

»In zwei Wochen.«

Sie stießen an. Hardo zog sein Portemonnaie hervor und legte einen Fünfeuroschein neben die Kasse, bevor er das zerfledderte Schullektüreheft in die Brusttasche seines Holzfällerhemds schob.

Rath nickte brummelnd.

»Du rufst mich an?« Hardo erhob sich.

»Kannst dich drauf verlassen.«

10

Ramzan hatte den Lieferwagen mit einer ätzend stinkenden Chemikalie geschrubbt. Nur für den Fall, dass irgendwelche DNA-Spuren darin waren. Tyvek-Anzug inklusive Füßlinge und Leichensack waren längst entsorgt. Der Typ mit dem fahlen Gesicht nahm ihm die Schlüssel ab.

»Was für ein widerliches Zeug«, kommentierte er.

»Verfliegt bald.« Ramzan nickte dem Typ zu. Mittlerweile besaß der Wagen ein anderes Kennzeichen und heute Abend würde er mit einer komplett neuen Lackierung den Weg nach Norddeutschland antreten. Ohne Ramzan. Der wurde für andere Projekte benötigt.

*

Mail an Louis Chatwin

An louis.chatwin@patrick_white_high.au
4.4.2018, 22.00 Uhr

Hallo, Mr. Chatwin,

ich bin Privatermittlerin aus Deutschland und würde gern telefonisch mit Ihnen Kontakt aufnehmen. Diese Mail enthält alle meine Kontaktdaten. Bitte melden Sie sich sobald wie möglich.

Freundliche Grüße,
Katinka Palfy

5.4.2018

11

Katinka warf einen entnervten Blick auf ihr Handy. Schon den ganzen Morgen saß sie am Schreibtisch und bemühte sich krampfhaft um Konzentration. Vergeblich, Ruth Pessel rief einmal pro Stunde an, gab konfuse Hinweise, wo ihre Tochter ihrer Meinung nach stecken könnte, und Louis hatte sich auf ihre Mail hin noch nicht gemeldet.

»Frau Pessel, ich verstehe Ihre Ungeduld …«

»Ungeduld? Ich bin verzweifelt!«

Katinka unterdrückte ein Seufzen. »Sind Sie sicher, dass Sie nicht doch irgendwo Louis' Handynummer haben? Auf diese Weise könnte ich ihn bestimmt schneller erreichen als per Mail.«

»Was wollen Sie von Louis? Fanny ist in Deutschland verschwunden.«

»Ehepartner sind generell die erste Anlaufstelle in solchen Fällen.«

»Ich halte diese Unsicherheit nicht mehr aus. Wäre Louis in Deutschland, hätte ich ihn sofort zur Rede gestellt. Aber so ... na, da ist es wenig wahrscheinlich, dass er dahintersteckt.«

»Haben Sie ihn denn immer noch nicht verständigt?«

»Bisher nicht. Warten Sie.«

Aha, dachte Katinka. Sie hat seine Nummer, will sie aber nicht rausrücken.

Es dauerte eine geschlagene Minute, bis Ruth Pessel die Nummer diktierte. »Ich weiß nicht. Ich habe Angst, dass sie ... vielleicht ist sie aus der Stadt raus, zu Fuß, hat sich verlaufen, ist gestürzt, hat sich einen Fuß verstaucht.«

»Frau Pessel, es heißt, Fanny hätte eine Verletzung am Oberarm.«

»Woher wissen Sie das?«

»Ich ermittle.«

»Diese Verletzung spielt überhaupt keine Rolle.«

»Nein?« Katinka konnte den Spott in ihrer Stimme nur mühsam unterdrücken. »Ob ein Indiz wichtig ist oder nicht, entscheide ich.«

»Sicher, bloß ... Sie wurde am Flughafen in Melbourne von einem Mann umgerannt. Der Typ war ein Rüpel.«

»Sie halten es trotzdem für möglich, dass Louis sie schlägt?«

»Mag sein.« Es klang unwillig. »Fanny liebt lange Spaziergänge in der Natur. Ich habe mir einen Stadtplan gekauft und bin am Fluss entlang, in beide Richtungen, ich bin kreuz und quer herumgelaufen.«

»Wir sind hier nicht in der Wildnis. Wer stürzt, wird zeitnah gefunden. Zudem hat Fanny doch ein Handy, oder?«

»Das sie nicht einschaltet.«
»Sie haben über Gewalttätigkeit gesprochen, Frau Pessel. Sind Sie jemals Zeugin geworden, wie Louis Fanny geschlagen oder sie in anderer Weise grausam behandelt hat?«
Stille.
»Frau Pessel?«
»Ich ... nun ... nicht direkt.«
»Sondern?«
»Ich kann jetzt nicht darüber sprechen.«
»Ich schlage vor, Sie rufen mich wieder an, wenn Sie darüber sprechen können.« Katinka legte auf. Auf dem Blatt Papier vor ihr standen drei Optionen:
1. Fanny ist freiwillig verschwunden. Warum?
2. Unfall
3. Verbrechen
Die Unfallthese klang zwar logischer als das Verbrechen. Doch Bamberg war weit davon entfernt, viel menschenleere Natur zu bieten. Und was das Verbrechen anging: Eine Touristin mochte ausgeraubt werden, aber gleich umgebracht?
Natürlich konnte Katinka sich alle möglichen Szenarien vorstellen. Fanny mochte einfach der Reisegruppe überdrüssig gewesen sein, sich in ein Lokal zurückgezogen haben, jemanden kennengelernt haben ... Katinka war bereits zwei Stunden an diesem Morgen durch die Cafés der Innenstadt gezogen, hatte Fannys Foto vorgezeigt. Niemand erinnerte sich an sie. Sie würde es am Abend in anderen Kneipen probieren. Davon gab es zwar eine ganze Menge, doch sie würde zunächst einmal die Pubs aufsuchen, die an den üblichen Touristenecken lagen. Viel Erfolg rechnete sie sich nicht aus.

Ihr knurrte der Magen, sie musste aus dem Büro raus. Sie schloss die Detektei ab und machte sich auf ins Café Müller, um sich ein Omelett zu bestellen.

Ruth Pessel rief an.

»Palfy hier?«

»Können wir die Zeitungen ins Boot holen?«

»Ich habe darüber nachgedacht.«

»Warum tun Sie es dann nicht?«

»Sollte sich Fanny aus freien Stücken absentiert haben, würde sie das nur zusätzlich alarmieren.« Katinka machte sich bei der Bedienung bemerkbar.

»Warum sollte sie von sich aus abtauchen? Sie ist nicht der Typ, der so was macht! Sie hat Verantwortungsgefühl! Ich kenne meine Tochter!«

»Dennoch würde ich noch warten. Sollte sie wirklich einem Verbrechen zum Opfer gefallen sein, könnte es nützlich sein, den Täter in Sicherheit zu wiegen.«

»Wenn sie noch lebt.«

Katinka drehte die Speisekarte zu der Bedienung, die an ihren Tisch trat, und zeigte auf »Omelett« und »Milchkaffee«. »Ich melde mich bei Ihnen, Frau Pessel!«

»Moment. Sie müssen mich einbeziehen.«

»Wenn Sie darauf bestehen, fahren wir sofort alle Geschütze auf. Damit hätten wir andererseits alles verschossen, was uns später noch nützlich sein könnte.« Katinka sah aus den Augenwinkeln das Grinsen der Kellnerin. Allmählich sank ihr Toleranzlevel. Was sich womöglich witzig anhörte, bedeutete für einen anderen Menschen Leben oder Tod, Erleichterung oder Verzweiflung.

»Wenn Sie meinen.«

»Ich melde mich.« Katinka legte auf.

»Neuer Fall?« Die Bedienung brachte den Kaffee. Katinka kannte sie flüchtig. Sie hieß Nina und jobbte sich durch die Bamberger Lokale. Nebenbei studierte sie.

»Was studieren Sie eigentlich?«

»Kunstgeschichte, wieso?«

»Also haben Sie einen gesunden Menschenverstand?«

Nina lachte. »Ich gehe davon aus.«

»Würden Sie sich als verantwortungsbewusst bezeichnen?«

»Denke schon.«

Katinka rührte in ihrer Tasse. »Wenn Sie mit Ihrer Mutter eine Reise machen würden ... sagen wir, eine Kreuzfahrt. Was könnte Sie dazu bringen, vom Schiff zu türmen und Ihr Handy auszuschalten?«

Nina starrte sie an. »Heftig.«

»Sehe ich genauso.«

»Abgesehen davon, dass ich mit meiner Mutter sicher keine Kreuzfahrt machen würde. Wir würden uns spätestens am zweiten Tag in den Haaren liegen.«

»Im Ernst?«

»Klar. Mit Abstand zwischen uns, da geht das. Aber eine Schiffsreise? Da klebt man nur so aufeinander. Echt nervig. Nichts für mich.«

»Würden Sie es übers Herz bringen, stiften zu gehen und sich einfach nicht mehr zu melden?«

Jemand rief: »Zahlen, bitte!«

»Ich denke, das kommt ganz auf die Mutter an, oder?« Nina grinste. »Ich muss weiter.«

*

WhatsApp 3

Geht mir gut, sunshine darling. Mach dir um mich mal keine Sorgen. Ich vermisse dich auch. LOVE.
Louis

*

WhatsApp 4

Hallo Louis, Katinka Palfy hier, Privatermittlerin aus Deutschland. Bitte melden Sie sich so schnell wie möglich bei mir. Es geht um Ihre Frau Fanny.

12

»Unser Obermieter schleicht ziemlich gedeckelt durch die Gegend, wenn du mich fragst«, sagte Hardo an diesem Mittwochabend auf den Reporter Dante Wischnewski anspielend, mit dem Katinka bereits einige Fälle gelöst hatte und der seit geraumer Zeit in der Wohnung im Dachgeschoss wohnte.

»Echt? Ist mir noch nicht aufgefallen.« Katinka setzte sich in Hardos Küche an den Tisch und betrachtete das zerschlissene Heft, das dort lag. »Was ist das? Bibliophile Neuerwerbung?«

»Ich bin nach Dienstschluss bei Michael im Antiquariat vorbeigegangen.«

»Sag mal – bist du krank? So früh schon raus aus dem Büro und den schönen Dingen zugewandt?«, neckte Katinka ihn.

Sie fand das Arrangement mit den getrennten Wohnungen für Hardo und sich selbst nach wie vor ideal. Abstand und Nähe zugleich. Beide lebten sie im ersten Stock von Katinkas teilrenoviertem Haus in der Concordiastraße im Zentrum von Bamberg. Der Innenhof schirmte sie von der Welt draußen ab, und nur die im Erdgeschoss eingemieteten Studenten wechselten regelmäßig. Eine weitere Wohnung neben Wischnewskis Bleibe im Dachgeschoss wartete darauf, hergerichtet zu werden. Sie hatte sich fest vorgenommen, die gröbsten Arbeiten über Frühling und Sommer selbst zu machen, um an den Renovierungskosten zu sparen. Die Mieten, die Hardo, Dante und die Studenten überwiesen, reichten gerade für die laufenden Ausgaben, um die beständigen Reparaturarbeiten und diversen Spontankatastrophen wie feuchte Keller und sich ablösenden Putz zu bestehen.

Hardo köpfte zwei Zwergla-Bier. »Lästermaul.« Er fuhr ihr durchs Haar. »Michael ist auf der Suche nach ein paar Erstausgaben für mich.«

»Dein neues Hobby. Ich kann kaum glauben, dass du zum Sammler wirst.«

»In diesem Domizil verfüge ich über mehr Platz, als ich jemals als Mieter hatte.«

Sie trank. »Ich habe eher das Gefühl, du bist ein Stück weit auf den Spuren deines alten Lebens.«

»Falls ich ein solches hatte.«

Sie sah, wie seine eisgrauen Augen sich verdunkelten. Er litt immer noch unter dem Tod seiner Tochter. Diesen Schatten auf seinem Leben sprach er nie an und er wechselte das Thema, sobald Katinka es tat. Sie hatte längst eingesehen, dass er mit seinem Schmerz alleine zurechtkommen, ihn manchmal regelrecht verdrängen wollte, und dass es sein Weg war, mit dem Verlust umzugehen. Der Altersunterschied zwischen ihnen vertiefte ihren unterschiedlichen Umgang mit den schlimmen Dingen. Hardo verhielt sich im Job ähnlich wie im Privaten. Wenn er bei Ermittlungen zu spät kam und Unheil nicht verhindern konnte. Wenn er sich getäuscht und dadurch ein Problem verursacht hatte. Hardo biss die Zähne zusammen und kämpfte weiter, ohne das, was ihn quälte, zur Sprache zu bringen. Katinka tat sich mittlerweile leichter mit seiner Verschlossenheit als am Anfang ihrer Beziehung.

»Warum ausgerechnet Brecht? Politisch dürftest du ihm nicht besonders nahestehen.«

»Es hat mit einer Theateraufführung zu tun, die ich während des Studiums sah. Ich geriet in eine Schülervorstellung. Die Jugendlichen konnten nicht auf ihrem Hintern sitzen bleiben und lachten und geckerten bei jeder sich bietenden Gelegenheit. Es war eine Zumutung. Ich wollte mich am liebsten rausschleichen. Ich schämte mich vor den Schauspielern.« Er stellte seine Bierflasche auf den Tisch und nahm Katinka das Bändchen aus der Hand. »In dem Stück geht es im Kern um die Frage, wo du besser aufgehoben bist: da, wo du herkommst, oder anderswo. Bei einer anderen Familie, in einer anderen Kultur, einem anderen Job. Die Story geht so: Eine Magd rettet das von einer Fürstin bei der Flucht vor ihren Feinden zurückgelassene Kind, zieht es auf, später will sie es nicht mehr hergeben, aber die Fürstin fordert es zurück. Ein Dorfrichter soll urteilen, welche der Frauen das Kind bekommt. Die Fürstin wartet mit einer Heerschar Anwälten auf. Die Magd muss für sich allein sprechen. Der Richter lässt einen Kreidekreis auf den Boden zeichnen und das Kind hineinstellen. Beide Frauen packen das Kind. Nach Ansicht des Richters ist jene Frau die Mutter, die die Kraft hat, das Kind aus dem Kreidekreis zu ziehen.«

»Kommt mir bekannt vor. Die Salomonprobe aus dem Alten Testament.«

»Da sollte das Kind mit einem Schwert in zwei Stücke geteilt werden, für jede Frau ein halbes Kind. Aber im Kern vergleichbar. Jedenfalls zieht die Fürstin kräftig, und die Magd lässt los.«

»Daraufhin spricht der Richter das Kind der Magd zu?«

»Nicht sofort. Er lässt die Probe ein zweites Mal machen. Wieder lässt die Magd los. Und da urteilt der Richter, dass das Kind zu der Frau gehören soll, die es aufgezogen hat. Und weißt du, was? In dem Augenblick, fast ganz am Ende des Stücks, als die Magd voller Verzweiflung ausruft: ›Ich hab's aufgezogen. Soll ich's zerreißen? Ich kann's nicht!‹, da hatte das Gejohle und Getuschel der Schüler endlich ein Ende. Die Jugendlichen hielten die Klappe, weil die Verzweiflung dieser Magd so greifbar war, so körperlich.«

»Wow.«

»Seit damals habe ich eine besondere Beziehung zu diesem Stück. Ich habe es noch mehrmals an verschiedenen Theatern gesehen. In unserer Gegend wurde es leider lang nicht gespielt.«

»Dabei haben wir jetzt das Brecht-Jahr.«

»Für mich als Polizist ist natürlich von Belang, dass der Richter, übrigens ein bestechlicher, versoffener Rabauke, Gerechtigkeit herstellt, indem er das Recht bricht.«

»Die alte Kluft zwischen Recht und Gerechtigkeit.«

»Ziemlich aktuell, was?«

Katinka nickte. »Im Prinzip geht es immer nur darum. Wir wissen alle, dass geltendes Recht zu oft die wirklichen Missetäter schützt.« Sie dachte an einen ihrer letzten großen Fälle: Sie hatte ein Netz aus Hinterzimmern und miteinander in intransparente Entscheidungen verwickelten Mitarbeitern in einer Bamberger Firma ans Licht gezerrt. Die Lösung des Falls hatte in der Öffentlichkeit zunächst hohe Wellen geschlagen, doch nach dem Prozess rollten einfach ein paar Köpfe, und es war anzunehmen, dass sich substanziell im Hinblick auf mehr Glaubwürdigkeit und Chancengleichheit nichts weiter geändert hatte. Die konspirativen Strukturen wucherten erneut, Interessen wurden durch Loyalität zu den Mächtigen und Einflussreichen durchgedrückt.

»Ich möchte gern eine Erstausgabe des ›Augsburger Kreidekreises‹ kaufen. Das ist eine Prosaerzählung, die Bert Brecht verfasste, bevor er das Stück schrieb.«

»Das wusste ich nicht.«

»Das Stück spielt in einer Bergregion im Kaukasus. In der Erzählung jedoch siedelte Brecht die Handlung in Deutschland an. Damals war er in Schweden im Exil. 1940.«

»Sieht Rath eine Chance, so eine Erstausgabe für dich aufzutreiben?«

»Er sagt, er ist dran. Eine gute Nase hat er ja. Eine der letzten wirklich bibliophilen Generationen stirbt gerade aus, Katinka. Da werden Haushalte aufgelöst, ganze Privatbibliotheken. Für Antiquare eine Riesenchance, nur müssen sie die eingekauften Bücher auch weiterverkaufen. Das läuft nicht immer so geschmeidig. Viel Aufwand für wenig Ertrag. Ich nehme an, Rath lebt von seinen Ersparnissen.«

»Sollen wir eine Pizza auftauen?«

Hardo zog eine Grimasse. »Was für ein Themenwechsel.«

»Mir knurrt der Magen.«

»Was macht eigentlich deine Vermisstengeschichte?«

»Ich versuche, Fannys Ehemann aufzutreiben. Seine Mails liest er anscheinend nicht oder er will nicht antworten, und die WhatsApp-Message wird nicht zugestellt. Kann sein, dass mir die Pessel eine falsche Nummer diktiert hat.«

»Warum sollte sie?«

»Sie hat was gegen den Schwiegersohn. Angeblich ist Gewalt im Spiel. Bruce, der Typ von der ›Emerald Star‹, sagte, er hätte einen halb verheilten Bluterguss an Fannys Arm gesehen. Passt zusammen. Auch, dass Fanny genau das abstreitet, wenn man ihrer Mutter glauben darf.«

Hardo machte sich an der Tiefkühltruhe zu schaffen. »Lies den ›Kreidekreis‹«, schlug er vor. »Im Kontext deines Falles.«

»Will heißen?«

»Wenn die Mutter sich wirklich Sorgen um die Tochter macht, dreht sie an jedem verfügbaren Rädchen. Ist zu allem bereit.«

»Und wenn sie das nicht ist?«

»Dann ist irgendwo ein Knick in der Mechanik.«

»Was meinst du damit?«

»Sie hat dir eine wichtige Information nicht gegeben, das meine ich damit.«

Katinka nahm einen Schluck Bier. Das könnte hinkommen, dachte sie.

13

Katinka lag neben Hardo und lauschte seinem gleichmäßigen Atem. Die Pizza lag ihr im Magen, und in ihrem Kopf jagten die Gedanken durchs Hamsterrad. An Schlaf war nicht zu denken. Sie stand leise auf, schlüpfte in Jeans und Sweater und schlich in ihre Wohnung hinüber. Sie hatte die Notizen zum Fall Fanny mit nach Hause genommen, auf Inspiration durch Ortswechsel hoffend, hatte sich jedoch nicht mehr aufraffen können, die Zettel noch einmal anzuschauen. Am Abend hatte sie die einschlägigen Kneipen abgeklappert, von denen sie sich vorstellte, dass eine Frau wie Fanny dort ein Bier trinken oder einen Flammkuchen essen würde. Niemand konnte sich an sie erinnern. Was nichts hieß. Es gab Menschen, die nicht auffielen. Vielleicht trug Fanny nun eine Perücke oder eine Mütze, hatte sich das Haar färben lassen oder oder oder. Zudem gaben die meisten Zeitgenossen nicht wirklich acht auf ihre Umgebung, waren zu beschäftigt mit sich selbst und ihren Handys.

Außerdem wusste Katinka nicht, was für ein Typ Fanny war. Ihrer Einschätzung von Fannys Charakter lagen die Aussagen von Ruth und Bruce zugrunde. Die Mutter sollte Fanny im Grunde in- und auswendig kennen, aber auch das konnte ein Trugschluss sein. Außenstehende sahen die Realität meist auf den ersten Blick, ohne sich im Gestrüpp der Vergangenheit zu verlieren. Katinka machte Wasser heiß. Es war kühl in der Wohnung, in der Hoffnung auf den Frühling hatte sie die Heizung bereits abgestellt. Ein Fehler. Das alte Gebäude würde die Winterkälte bis mindestens Juni in seinen Sandsteinmauern gespeichert haben. Sie zog einen Fleecepulli über und goss sich einen Nescafé auf.

In welche Kneipen also würde Fanny gehen? Eine verantwortungsbewusste Frau? Ein braves Mädchen, um es auf den Punkt zu bringen?

Katinka rührte Honig in ihren Kaffee. Morgen musste sie Ruth Pessel viel genauer zu Fannys Denke befragen. Im Geist bat sie Ruth, ein paar Adjektive zu nennen, die auf Fanny passen könnten. Außer »verantwortungsbewusst«. Außerdem sollte sie nachhaken, ob Ruth tatsächlich aus eigener Anschauung mitbekommen hatte, wie Louis Fanny gegenüber gewalttätig wurde. Zum Beispiel verbal. Katinka kritzelte ein paar Notizen als Gedächtnisstützen neben ihre Aufzeichnungen. Bisher schien ihr Fanny wie eine typische brave Tochter, die es allen recht machen wollte. Gefügig, konditioniert, Mama keinen Ärger bereitend. Nun sorgte sie für Missfallen, indem sie sich in Luft auflöste. Damit drängte sich erneut die Frage in den Vordergrund, ob Fanny aus freien Stücken die Düse gemacht hatte oder einem Unfall oder sogar einem Verbrechen zum Opfer gefallen war.

Den Unfall kann ich streichen, der ist unwahrscheinlich, dachte Katinka, während sie ihren Kaffee austrank. Sie musste den Fokus auf *eine* Vermutung richten. Freiwilliges Absentieren oder Verbrechen? Wo, bitte, war der Publikumsjoker?

Sie checkte ihr Handy. Keine Nachricht von Louis Chatwin.

Sie löschte das Licht und tappte wieder in Hardos Wohnung. Er schlief immer noch tief und fest.

6.4.2018

14

Ein greller Klingelton.

»Ich bin gerade erst eingeschlafen«, murrte Katinka. Es kam ihr vor, als hätte jemand sie aus tiefer Bewusstlosigkeit gerissen.

Allerdings nicht ihr Telefon. Auch nicht der Wecker.

»Hardo?« Sie rüttelte ihn an der Schulter.

Er tastete nach seinem Handy.

Plötzlich war Katinka hellwach. Das konnte nur eins bedeuten.

»Okay«, knurrte er. »Komme.«

»Was ist los?« Katinka rieb sich den Schlaf aus den Augen. Die Uhr zeigte 3.30.

»Weibliche Leiche im Geisberger Forst.«

»Und die haben sie mitten in der Nacht gefunden?«

»Zwei Mitarbeiter vom Bayerischen Rundfunk mussten Wartungsarbeiten am Sender Geisberg durchführen. Das machen die anscheinend nachts.«

Katinka sank zurück in die Kissen. »Shit.«
Hardo knöpfte schon sein Hemd zu.
»Willst du mit?«
»Warum das?«
»Vermisstenfall?«
»Verdammt, ja!«

Sie fuhren in Hardos Golf ostwärts aus der Stadt. Katinka kannte die Strecke aus dem Effeff. In warmen Sommernächten liebte sie es, ins Bamberger Umland zu radeln und sich auf den Kellern mit Bier und einer echten fränkischen Brotzeit zu versorgen. Oft genug war sie zusammen mit Hardo und Sabine unterwegs. Die herrliche Bierkellerzeit, die in anderen Gegenden Bayerns »Biergartenzeit« hieß, würde bald wieder beginnen, doch beim Anblick der vom Nieselregen feuchten Landstraße und schlafenden Dörfer fiel es ihr schwer, an etwas Positives zu denken. Hardo ließ sich über den Stand der Tatortsicherung informieren und bekam die genauen Koordinaten.

»Die Leiche wurde mitten im Wald gefunden«, sagte er, als er auflegte.

Sie fuhren durch Mistendorf.

»Ist dort links nicht der Geisberg? Das da oben muss der Sendemast sein.« Sie heftete ihren Blick auf die roten Warnleuchten hoch oben. Leise fügte sie hinzu: »Es ist nicht Fanny. Welche Frau spaziert in diesem Wald herum?«

»Pilzsammlerinnen?«

»Um die Jahreszeit?«

»Dann eben Naturfotografinnen oder wer auch immer.« Hardo klang ungeduldig.

Katinka wusste, er wünschte, er wäre schon an Ort und

Stelle. Hätte das Schlimmste gesehen und könnte anfangen, genau dieses Schlimmste zu heilen, indem er akribisch sämtliche Informationen zusammenlegte. Bis sich die Schlinge um den Täter legte. Falls es ein Verbrechen war und kein Unfall.

»Es kann nicht Fanny sein«, sagte sie leise, als Hardo den Wagen durch Zeegendorf steuerte. Sie erreichten den Wald.

»Warum?«

»Tötungsdelikte sind Beziehungstaten. Hier in Deutschland ist niemand, mit dem sie in einer Beziehung steht. Nur ihre Mutter.«

»Warte ab.«

Blaulicht, Absperrung, Uniformierte, die Vans von der KT.

»Hallo, Sabine«, grüßte Katinka die Freundin.

»Hallo!« Polizeiobermeisterin Kerschensteiner zeigte mit einer Taschenlampe in den Wald. »Sieht mistig aus. Richtig mistig.«

Katinka ging neben Hardo her zum Flatterband. Niemand hielt sie auf. Man kannte sie. In Jahren mühevoller Kleinarbeit hatte sie sich in den Augen der Polizei zu einer als *vernünftig* geltenden Outsiderin gemausert.

Sie stapften durch das Laub des Vorjahres, Nässe an den Schuhen. Als sie an die innere Absperrung kamen, schlüpften sie in Overalls. Gleißendes Licht blendete die Nacht aus.

»Ein paar Spuren haben wir«, sagte ein Mann, dessen dröhnendes Organ Katinka von jeher auf die Nerven gegangen war. Lutz Fleischmann, der den Begriff *Macho* für ein Kompliment hielt. »Ach, die Frau Pivatdetektivin. Lange nicht gesehen.«

Katinka stülpte die Kapuze über ihren Kopf, ohne zu antworten. Sie schwitzte. Die Panik. Der Moment, wo sie das vorwurfsvolle Gesicht des Mordopfers sah, machte ihr eine Heidenangst. Der Ausdruck, der, wie viele Ermittler fanden, durchaus etwas über die letzten Minuten sagen konnte, in denen der Mensch noch ein Leben gehabt hatte.

»Sie müssen sich keine Sorgen machen!« Fleischmann konnte anscheinend Gedanken lesen. »Da ist nicht mehr viel zu erkennen.«

Halt die Klappe, dachte Katinka nur.

Die Tote lag da wie hingeworfen. Auf dem Rücken. Ein Arm eng am Körper.

Kurze braune Locken. Kein Gesicht. Katinkas Gedanken wirbelten.

Kein Gesicht?

Nur ein Auge, geschlossen, das Lid halb zerfressen von einem Wesen des Waldes, das von der Polizei bei der Nahrungssuche gestört worden war. Katinka war dankbar um die kühle Nacht, die den Geruch einigermaßen in Schach hielt.

Kein Gesicht. Das zweite Auge zusammen mit Nase und Lippen eine formlose Masse bildend. Irgendwo in dem dunklen Klumpen aus Fleisch, geronnenem Blut und ersten natürlichen Bewohnern sah Katinka ein paar Zähne.

Sie scannte die Leiche, sah ein zerfetztes T-Shirt, Farbe wahrscheinlich rosa, darunter geplatzte Haut. Jeans. Keine Schuhe. Keine Socken. Die linke Hand bestand aus zermalmten Knochen mit braunem Fleisch drumrum.

»Sie starb wahrscheinlich an zwei sehr kräftigen Schlägen auf den Kopf. Eventuell hat der Mörder sie ein paar Mal gegen eine Wand geschleudert. Oder eine sehr stumpfe

Waffe verwendet. Ich muss mir das ausführlich ansehen. Das Gesicht wurde ihr wohl erst unmittelbar nach dem tödlichen Schlag zertrümmert, aber genau kann ich das erst später sagen. Ansonsten wurde sie vor dem Mord aufs Übelste verprügelt. Überall Hämatome. Sie hatte Sex vor ihrem Tod. Wie lange vorher, werde ich noch rausfinden.«

Eine weibliche Stimme. Sie war heiser – und unbekannt. Neugierig drehte Katinka sich um.

Eine Frau um die 50 mit sehr kurzen Haaren erwiderte ihren Blick. Sie lächelten sich beide an. Ein wenig traurig – schließlich war dies hier kein guter Ort für ein erstes Kennenlernen.

»Alter?«, fragte Hardo.

»Knapp über 20, würde ich sagen«, erwiderte die Rechtsmedizinerin.

Katinka sah eine Narbe über ihrem linken Ohr. Das Haar war dort raspelkurz. So gut wie abrasiert.

»Der Auffindeort ist nicht der Tatort. Sie muss mit einem Wagen hergebracht und abgeladen worden sein«, erklärte Fleischmann gerade. »Schleifspuren haben wir da drüben.« Er zeigte zum Weg zurück.

»Wer sind die Leute, die euch verständigt haben?«, fragte Katinka.

»Stefan Kreuzer und Christoph Strauss. Zwei Techniker. Die waren am Sendemast. Sitzen im Wagen«, antwortete Sabine.

»Die haben einfach so heute Nacht die Leiche gefunden?«

»Der eine musste pinkeln. Da rochen sie was. Feine Nasen.«

Katinka ging zu Hardo hinüber. Der stand bereits außerhalb der Absperrung und streifte den Overall ab.

»Ich kann unmöglich sagen, ob das Fanny ist. Die Figur könnte stimmen. Das Haar auch. Dunkelbraune Locken«, sagte sie.

»Seit wann ist sie tot, Frau Lawitschka?«, fragte Hardo die Rechtsmedizinerin.

»Seit drei bis vier Tagen. Wenn Ihr Fleischmännchen recht hat, wenn sie nicht hier ermordet wurde, sondern an einem wärmeren Ort, in einem Innenraum womöglich, dann vielleicht nicht so lange. Ich mache mich dran.«

Hardo legte Katinka die Hand auf die Schulter. »Wir brauchen Fannys Mutter.«

»Da ist nicht mehr viel zu identifizieren, Hardo!«

»Die Form der Ohren? Eines ist noch in Ordnung. Oder der Hals, Arme. Vor allem die Hände. Hände sind aussagekräftig.«

»Ist ja nur eine Hand übrig.«

»Habt ihr Schmuck gefunden, Sabine? Papiere?«

»Nichts. Sie muss Ohrringe getragen haben. Die hat sie entweder selbst abgelegt, oder der Täter hat sie entfernt.«

»Rausgerissen?«

»Nein, ganz normal rausgenommen, das Ohrloch ist nicht verletzt.«

»Dann war es nicht der Mörder«, sagte Katinka.

»Ich brauche Ruth Pessels Telefonnummer, Katinka.«

»Lass sie wenigstens ausschlafen.«

Sie leitete die Kontaktdaten an Hardos Handy weiter.

»Willst du heimfahren? Ich muss die Zeugen befragen.«

Katinka nickte. Sie war hier nicht mehr vonnöten.

15

Katinka bestand darauf, Ruth Pessel zur Rechtsmedizin zu begleiten. Hardo akzeptierte ihr Argument, Katinka sei Ruths einzige Kontaktperson weit und breit und daher als seelische Stütze von Nutzen.

Auf der Fahrt versuchte Katinka, ihre Klientin auf das vorzubereiten, was ihr bevorstand, wenngleich ihr vollkommen klar war, dass dies im gegebenen Fall wenig half.

»Sie sieht grauenvoll aus. Das Gesicht ist weitgehend zertrümmert.«

»Okay.«

»Es kann natürlich sein, dass die junge Frau nicht Ihre Tochter ist. Das Alter stimmt in etwa, aber das heißt nichts.«

»Lassen Sie mich in Ruhe.« Ruth Pessel hüllte sich in Schweigen.

Als Dr. Lore Lawitschka 20 Minuten später das Laken von der Leiche nahm, schrie Ruth Pessel auf. Katinka wurde von jähem Mitleid für die Frau gepackt. Wer auch immer so eine Tote sah, blieb fassungslos zurück angesichts der Gewalt, die man ihr angetan hatte. Aber jemand, der einen geliebten Menschen in diesem Zustand sehen musste, würde diesen Anblick nie mehr los. Ihr war selbst flau im Magen; sie sah nicht richtig hin.

Hardo stand dicht hinter Ruth, doch sie brach nicht zusammen, sie keuchte nur einige Male, unterdrückte schließlich ihre Schreie, presste die Hände aufs Gesicht und trat ein paar Schritte zurück.

Die Rechtsmedizinerin machte eine begütigende Geste mit den Händen. Lasst ihr Zeit, sollte das heißen.

Katinka trat vom Untersuchungstisch weg. Sie musste das nicht noch einmal haben. Wer so zuschlug, war von Hass erfüllt, höllisch aggressiv oder stand unter Drogen, die beide Emotionen ins Unermessliche steigerten. Crystal Meth zum Beispiel. Sie hätte gern gewusst, ob Lore Lawitschka es für möglich hielt, dass mehrere Täter am Werk gewesen waren. Warum hatte der Mörder die Hand der Frau zu Brei geschlagen? Eine Abwehrverletzung konnte das nicht sein.

Als Täter kam bei dieser Gewalteinwirkung zu 99 Prozent ein Mann infrage. Es sei denn, eine von Hass erfüllte, sehr kräftige Frau …

»Das ist Fanny.«

Katinka sah Ruth an. Die Frau rang um Fassung. Schluckte. Ihre Augen flackerten. Sie wusste nicht, wohin mit ihren Händen, und schob sie schließlich in die Jackentasche.

»Das ist Fanny. Kein Zweifel.«

Hardo sprach mit Ruth. Katinka rauschten die Ohren.

Ein Verbrechen. Sie hatte es beinahe nicht glauben wollen.

*

WhatsApp 5

Denke an dich. Du fehlst mir. LOVE.
  Fanny

*

WhatsApp 6

Warum kann ich dich nicht erreichen? Melde dich!

7.4.2018

16

Er hatte nun wirklich keinen Nerv mehr, sich um die aufgelaufenen Mails und Messages zu kümmern. Sie hatten diese Party gehabt, nach der Jamsession im »Silver«, ein knackiger Freitagabend, und als er heimkam, hatte er sein Handy gar nicht mehr beachtet. Im »Silver« hatte er ein paar Fotos geschossen. Jetzt war der Akku leer. Er mochte dieses Smartphone sowieso nicht, sinnlos ausgegebenes Geld, er hatte es nur, weil Fanny darauf aus war, ihn jederzeit erreichen zu können. Dabei fand er es in Ordnung, dass sie ohne ihn Urlaub machte. Wirklich. Sie waren zwei selbstständige Menschen, außerdem würde Fanny so womöglich leichter den Schock verkraften, dass die Schule ihren Vertrag nicht verlängert hatte. Der Verlust ihres Jobs nahm sie mehr mit, als sie zugab. Er kannte seine Frau.

Louis hatte sich einen Whiskey gegönnt, als Schlaftrunk, weil zu viel Bier ihm immer das Gefühl gab, innerlich zu verkleben. Der Whiskey löste den Klumpen. Sein Banjo hatte er neben sein Bett gestellt. Mit dem Instrument an der Seite fühlte er sich weniger einsam. Wahrscheinlich war ihm das Banjo, was Fanny das Smartphone war, dachte er noch. Kurz darauf war er eingeschlafen, und eine halbe Stunde später hatten ihn die Polizisten aus dem Tiefschlaf gerissen.

Er glaubte immer noch an einen Irrtum.

Als sie weg waren, schickte er eine Mail an die Schule. Er schrieb:

»Meine Frau ist in Deutschland gestorben. Ich fliege hin und hole sie zurück.«

Als er auf *Senden* geklickt hatte, starrte er für ein paar Sekunden bewegungslos auf den Bildschirm. Wie die Kollegen wohl reagieren würden? Sie alle mochten Fanny, fanden es traurig, dass ihr Vertrag nicht verlängert worden war. Man hatte Fanny geraten, abzuwarten, es wurde immer mal eine Kollegin schwanger oder jemand zog weg, die Fluktuation war hoch an der Schule, dann könnte sie einspringen.

Er wagte nicht, sich Fanny tot vorzustellen. Das würde er nicht schaffen, ehe er ihre Leiche gesehen hatte. Er hatte ein Foto von den Polizisten gefordert. Die behaupteten, keines zu haben. Er glaubte ihnen nicht. Gesunder Argwohn gegen Behörden. Die beiden Buddies waren höflich gewesen, aber sie misstrauten ihrerseits von Natur aus Männern mit Dreadlocks, die eine Fahne hatten.

Er riss sich zusammen und rief die Webseite der Quantas auf. Buchte einen Flug, der in sechs Stunden in Melbourne abheben würde. Fuhr den Rechner herunter, duschte, packte seinen Rucksack, schlüpfte in seine Jacke.

Am Check-in machten sie Stress, weil er sein Banjo im Handgepäck mitnehmen wollte. Er blieb bei seiner Weigerung, das Instrument aufzugeben, und kam damit durch. Die Zeit bis zum Boarding verbrachte er im Halbschlaf am Gate, eingerollt wie ein Baby auf zwei Wartesesseln liegend, den Instrumentenkoffer unter seinem Kopf.

Es war ein Irrtum.

Als er endlich im Flugzeug auf seinem Sitz saß, wollte er sein Handy einschalten. Das Gerät reagierte nicht. Ihm fiel ein, dass der Akku leer war; entnervt steckte er das Handy zu den Zeitschriften in die Sitztasche.

17

»Hier residieren Sie also.«

»Kann man so nennen.« Katinka bot Lore Lawitschka Platz an. »Bitte. Freut mich, dass Sie mich besuchen.«

»Ich wollte Sie schon lange kennenlernen. Man liest ab und zu von Ihnen in der Zeitung. Einmal, wenn mich nicht alles täuscht, haben Sie den Weltkulturerbelauf vor einem Skandal bewahrt.«

»So ähnlich.«

Dr. Lawitschka lächelte. Ihr Haar war so kurz, dass man die Farbe unmöglich bestimmen konnte. Irgendwas zwischen blond und grau. Die Narbe über ihrem linken Ohr war deutlich zu erkennen. Katinka bemühte sich, nicht hinzusehen. Der Anruf der Rechtsmedizinerin hatte sie überrascht, sehr früh heute Morgen. Hardo war da längst im Büro gewesen.

»Wissen Sie, wie es der Mutter geht?«, fragte Lore Lawitschka.

»Eine Seelsorgerin war bei ihr. Ich werde sie später in ihrem Hotel besuchen.«

»Sie war gefasst, finden Sie nicht?«

»Ja. Mir ist aufgefallen, dass sie zuerst schockiert schien, aber recht schnell die Zähne zusammenbiss.«

»Kommt oft vor.«

»Haben Sie Hardo Ihren Bericht gemailt?«

Die Pathologin grinste. »Ich habe mir erlaubt, Ihnen einen Ausdruck mitzubringen.« Sie entnahm ihrer Handtasche einen Hefter. »Der Tod trat durch zwei heftige Schläge auf den Hinterkopf ein. Wahrscheinlich innerhalb von Minuten.«

»Tatwaffe?«

»Ich habe Splitter von Lackfarbe gefunden. Anzunehmen, dass die Frau mehrere Male gegen einen Türstock geschleudert wurde, direkt auf die Kante. Zuvor ist sie verprügelt worden. Ihr linker Arm ist ihr erst nach ihrem Tod gebrochen worden, gegebenenfalls, um die Leiche zu transportieren. Ansonsten unzählige Blutergüsse. Nach dem Mord hat man ihr das Gesicht zertrümmert.«

»Jemand hat sie so gehasst, dass er ihr die Identität nehmen wollte.«

»Mit Profiling habe ich nichts zu tun, obwohl …«

Katinka sah sie an. »Obwohl?«

»Nun, ich halte gern Zwiesprache mit meinen Toten.« Sie deutete auf die Narbe. »Ich hatte einen Tumor. Vor zwei Monaten wurde ich operiert. Ich arbeite erst seit einer Woche wieder. Das Ding war groß wie ein Golfball. Sie haben es mir nach der OP gezeigt. Ich dachte: Wie kann das in meinem Kopf gewesen sein? Eigentlich bin ich nur darauf aufmerksam geworden, weil mir oft schwindelig war. Ich wandte mich an einen befreundeten Spezialisten, und so kamen wir auf den ungebetenen Gast. Immerhin war der Batzen nicht bösartig. Nur ging nach dem Eingriff so viel Sekret ab, dass sie mir meinen Schädel ganz schön verschandelt haben mit ihren Drainagen.«

»Klingt hart.«

»Das Brutale ist die Unsicherheit, wissen Sie? Sie liegen im Bett, da ist ein Fremdkörper in Ihrem Kopf, und Sie fangen an zu beten, wie Sie es seit der Erstkommunion nicht mehr getan haben.«

»An die kann ich mich gar nicht mehr erinnern.«

»Ich mich schon. Ich war damals erstaunt, dass ich nichts merkte. Guckte an meinem weißen Kleid herunter und dachte: Warum ist das so banal? Nichts passiert, dabei habe ich eben Jesus gegessen.«

Katinka lachte. »Lassen Sie das keinen Theologen hören.«

»Man muss durch diese Unsicherheit durch. Die Angst aushalten, den Schmerz, und dann wacht man auf, und sie sagen einem, der Golfball war gutartig. Seitdem habe ich den Eindruck, ich bin dem Tod nahe gewesen. Obwohl ich es rational gesehen nicht war. Nicht mehr als bei einer Blinddarmentzündung, verstehen Sie?«

»Ich glaube schon.«

»Also spreche ich mit meinen Toten. Ich habe dieser jungen Frau gesagt: Deine Mama war hier.«

Katinka räusperte sich.

»Eine Antwort habe ich natürlich nicht bekommen. Na egal. Trotzdem bleibt mir noch die Wissenschaft, um alles dafür zu tun, dass die Schuldigen gefunden werden.«

»Meinen Sie, es waren mehrere Täter?«

»Ich habe eine Menge DNA sichergestellt. Uttenreuther kümmert sich um den Abgleich.«

»Von wie vielen Leuten?«

»Von drei Männern. In aussagekräftiger Ballung.«

»Sie hatte Sex vor ihrem Tod?«

»Genau.«

Also habe ich mir kein zutreffendes Bild von Fanny gemacht, dachte Katinka. Eine gewissenhafte junge Frau lässt es nach ihrem Abtauchen gleich ordentlich krachen. Wie wird Ruth Pessel das sehen? Es rundheraus leugnen? Ignorieren?

»Das Problem wird die Zuordnung sein, sofern die DNAs nicht in einem Register gespeichert sind.« Katinka trommelte mit den Fingern auf die Schreibtischplatte. »Wann ist sie gestorben?«

»Am Dienstag. Zwischen 10.00 Uhr morgens und 15.00 Uhr nachmittags. Genauer lege ich mich nicht fest. Bevor ich es vergesse: Ihre Füße sind unterschiedlich groß. Das ist nicht unbedingt ungewöhnlich, bei ihr dürfte der Unterschied allerdings fast anderthalb Schuhgrößen betragen.«

Katinkas Handy klingelte.

»Das ist Hardo.«

»Gehen Sie ruhig ran. Aber ...« Lore Lawitschka legte den Zeigefinger an die Lippen.

Katinka grinste. »Ja, Hardo?«

»Ich habe den rechtsmedizinischen Bericht.«

Ich auch, hätte Katinka beinahe gesagt.

»Und? Wie weit seid ihr?«

»Extreme Gewalteinwirkung, was mir nicht in den Kopf will. Drei DNA-Spuren, also drei Männer. Wenn Fanny so plötzlich verschwunden ist, hatte sie engen Kontakt zu drei unterschiedlichen Männern. Ihr Gatte ist aus dem Schneider. Der ist in Australien. Wir haben gestern die Kollegen in Melbourne aufgescheucht. Die haben ihre Nachtschicht damit verbracht, Louis Chatwin die Todesnachricht zu bringen.«

Katinka schwieg.

»Bist du noch dran?«

»Bin ich. Louis kann also nicht schnell nach Deutschland geflogen sein, seine Frau ermordet und wieder abgedampft sein.«

»Sowieso nicht, weil er nämlich ganz normal seinen Schuldienst versah. Seine Schulleitung hat das bestätigt.«

»Ich kapiere nicht, wieso der Mörder Fanny das Gesicht zertrümmert hat. Das sieht nach Hass aus. Nach einer persönlichen Rechnung, die jemand begleichen will.«

»Katinka, hat Ruth Pessel irgendetwas gesagt, dir gegenüber, was einen Hinweis geben könnte? Wir wissen gar nicht, wo anfangen. Fanny war in keinem Hotel gemeldet ... das Handy, das ihr offiziell gehört, ist ausgeschaltet und nicht zu orten. Womöglich hat der Täter es weggeworfen. Das letzte Signal wurde am 2.4., um 9.20 Uhr geortet. Danach Funkstille.«

»Sie kann es selbst entsorgt haben. Batterie raus und weg mit dem Teil.«

»Wir überprüfen die Leute vom Kreuzfahrtschiff. Soweit wir das jetzt übersehen, kommt keiner von denen infrage. Auch nicht der Schwerenöter Lornan. Der nutzt die Stadtgänge offenbar für Besuche in Edelpuffs.«

»Ich habe mir was Ähnliches gedacht. Aber Fanny ist er scheinbar nicht an die Wäsche.«

»Als Täter kommt er nicht Betracht. Er war auf dem Schiff und bis auf eine oder zwei Stunden, die er während der Besichtigungen schwänzte, immer mit seiner Frau und den Reisegenossen zusammen.«

»Er hätte wohl kaum ein Motiv.« Katinka grübelte, welches Motiv jemand haben könnte, um Fanny so zuzurichten. Sie war tagelang auf der »Emerald Star« unterwegs, eine typische Touristin. Konnte sie in Deutschland überhaupt Feinde haben? Jemanden gegen sich aufgebracht haben? Gab es etwas Dunkles in ihrem Leben in Australien, das ihr um die halbe Welt gefolgt war?

»Ich wollte Ruth später besuchen. Nur, dass du Bescheid weißt«, sagte sie schließlich.

»In Ordnung. Wir haben mir ihr gesprochen. Sie kann substanziell kaum etwas beitragen. Nur so viel, dass sie Louis Chatwin für gewalttätig hält. Die Rechnung geht jedoch nicht auf, weil er Fanny nicht ermordet haben *kann*.«

»Das stimmt natürlich. Aber was Fanny betrifft: Es gibt airbnb, Couchsurfing und Co. So kann man als Ausländerin schon mal unter dem Radar bleiben, Hardo.«

»Die Kollegen sind dran. Ich melde mich.« Er legte auf.

»Sie beide sind ein interessantes Paar, wenn ich das so sagen darf.«

Katinka lächelte schief. »Dürfen Sie.«

»Wollen wir uns nicht duzen? Ich heiße Lore.« Sie streckte die Hand aus.

»Katinka.«.

»Lust auf einen Prosecco? Das bisschen Nieselregen macht Frauen wie uns doch nichts aus!«

»Gehen wir.«

18

Katinka betrat das Hotel Residenzschloss mit gemischten Gefühlen. Doch ihr Fall war beendet, und sie hatte das dringende Bedürfnis, mit Ruth Pessel zu einem Abschluss zu kommen.

Sie bat den Rezeptionisten, sie bei ihrer Noch-Auftraggeberin anzumelden.

»Sie möchten nach oben kommen. Zimmer 712«, sagte der Mann.

Ruth erwartete sie bereits. Sie lehnte in der offenen Zimmertür.

»Kommen Sie rein.«

»Sind Sie die ganze Zeit allein?«

»Und wenn?«

Im Zimmer roch es muffig, ungelüftet, trotz des milden Wetters draußen lief die Heizung auf höchster Stufe.

Ein Koffer lag auf dem Bett, halb gefüllt mit Sachen. Auch über den beiden Clubsesseln hingen Kleidungsstücke.

»Ich weiß gar nicht, wie ich das jetzt machen soll. Ich muss sie doch überführen. Nach Hause, oder?«

»Natürlich. Sobald die Rechtsmedizin ihr Okay gibt …«

»Was soll diese Pathologin mir noch sagen? Sie hat ihr Urteil gesprochen. Was für eine unglaublich grobe Person. Dieses kurze Haar!«

Katinka starrte Ruth einen Moment verdutzt an. Schluckte runter, was ihr als Erstes in den Sinn kam und sagte: »Wenn ich Ihnen irgendwie helfen …«

»Sie haben nichts gemacht!« Ruth funkelte Katinka wütend an. »Sie könnte noch leben.«

»Ihre Tochter ist am 3. April gestorben. Sie haben mich erst einen Tag später mit der Suche nach ihr beauftragt.«

»Was ist das für ein Land geworden? In dem junge Frauen bestialisch umgebracht werden!« Der Zorn umgab Ruth wie eine Rauchwolke.

»Louis Chatwin wurde von den australischen Behörden verständigt. Haben Sie selbst schon mit ihm gesprochen?«

»Mit Louis? Dem Knaben habe ich nichts zu sagen. Wahrscheinlich interessiert es ihn nicht besonders, er kifft jedes Wochenende. Australien ist ein paar Zeitzonen voraus, da hat er schon einen draufgemacht wie jeden Freitagabend.« Ruth setzte sich aufs Bett. »Fanny war bei mir richtig aufgehoben. Bei mir.«

Katinka schob ein paar Klamotten beiseite und setzte sich auf einen der Clubsessel.

»Wissen Sie, wie das war, mit einem Kleinkind? Der Mann weg, kein Interesse mehr, nicht an mir, nicht an Fanny. Damals habe ich wirklich gehofft, er würde seine

Meinung irgendwann ändern. Als er schließlich angekrochen kam, Fanny war inzwischen eingeschult, machte er auf Reue. Wollte einen Neuanfang, wenigstens als Fannys Vater. Ich habe ihn in die Wüste geschickt. Nicht mit mir. Ich lasse mich nicht so brüskieren. Das hat er kapiert. Er hat sich nie wieder gemeldet.«

»Sie waren wahrscheinlich immer berufstätig, oder?« Katinka wollte Ruth am Erzählen halten. Sie würde sich in die Erschöpfung reden, und dann könnte Katinka dieses überheizte, stickige Zimmer verlassen.

»Natürlich. Ich musste mich und das Kind durchbringen! Ich fing als Helferin in einer Arztpraxis an. Eine Zugehfrau kümmerte sich um Fanny, wenn sie nicht im Kindergarten oder in der Schule war. Als sie älter wurde, ein paar Stunden am Nachmittag alleine zu Hause zubringen konnte, bekam ich die Chance, im Melbourne Scientific Hospital als Sekretärin in der Chirurgie anzufangen. Da habe ich mich hochgearbeitet.«

»Sie können stolz auf sich sein.«

Konfus sah sich Ruth im Zimmer um. »Was mache ich jetzt? Was mache ich jetzt?«

»Frau Pessel, haben Sie in Deutschland eigentlich Freunde?«

»Warum?«

»Möchten Sie, dass jemand, dem Sie vertrauen, verständigt wird?«

»Ich bin als Kind von hier weggegangen. Wie, glauben Sie, soll ich hier Freunde haben? Mein Leben ist in Australien!«

Katinka räusperte sich. »Die Brutalität, mit der Fanny umgebracht wurde …«

»Hören Sie auf!« Ruth hob die Hand. »Sie muss vergewaltigt worden sein. Sie wäre nie mit einem Fremden ins Bett gegangen. Fanny macht so was nicht. Niemals.«

Katinka fragte sich, ob man Ruth Pessel beigebracht hatte, dass gleich drei DNA-Spuren in aussagekräftiger Quantität an Fanny gefunden worden waren.

»Der DNA-Abgleich ist schwierig, solange die Polizei die mutmaßlichen Täter nicht eingrenzen kann.«

»Gruppenvergewaltigung, das gibt es überall, tun Sie doch nicht so, Frau Palfy! Wir Frauen sind Gefahren ausgesetzt, das ist hier wie dort nicht anders. Wenn Sie zur falschen Zeit am falschen Ort sind, können Sie um Gnade betteln, wie Sie wollen. Die Männer geilen sich mit Drogen auf, mit Alkohol, was weiß ich. Louis ist nicht anders! Hängt in Clubs ab, säuft, dröhnt sich mit Musik zu. Und ruckzuck sind die Männer in der passenden Stimmung und richten eine junge Frau so zu.«

»Fanny hatte keine Bekannten in Deutschland? Chatpartner? Facebookfreunde? Jemanden, den sie getroffen haben könnte?«

»Das hat mich der Kommissar auch gefragt. Ich kenne niemanden. Sie hat sich nicht besonders fürs Internet interessiert.«

Das klang nach Jan Frickes Beobachtung aber anders, überlegte Katinka, während sie an ihr Gespräch mit dem Steward von der »Emerald Star« zurückdachte.

»Jetzt kann ich nur warten, was?« Ruth rieb sich das Gesicht mit beiden Händen. »Auf die Rechtsmedizin, dass sie mir … grünes Licht gibt. Und auf die Polizei, die den Mörder findet. Vielleicht. Irgendwann. Oder nie. Ehrlich, im Moment weiß ich gar nicht, wie ich weitermachen soll.«

19

Als Ines vom Dienst kam, war die Wohnung leer. Sie rief nach Sandra, aber aus deren Zimmer kam kein Laut. Warum sollte eine Studentin am Samstagnachmittag auch zu Hause sein, dachte Ines. Ging man da nicht weg, bummeln, mit Freundinnen, und später auf einen Wein oder so? Sie hatte nie studiert, obwohl sie Abitur hatte. Es hatte sich nicht ergeben, hätte zu lange gedauert, auf den Studienplatz in Medizin zu warten, so war das in ihrer Generation.

Ines ging in die Küche und goss Tee auf. Jedenfalls war das Zusammenleben mit ihrer Mieterin eine einfache Sache. Das Mädchen spülte das Geschirr, das es benutzte, und hinterließ das Bad in manierlichem Zustand. Man merkte gar nicht, dass sie im Haus war.

Eine Menge Dinge aus ihrer Station gingen Ines durch den Kopf. Eine alte Patientin mit Stressdemenz war vor zwei Tagen eingeliefert worden. Die Angehörigen, in Panik, hatten gleich einen Platz im Pflegeheim organisiert. Ines war sicher, die alte Dame würde sich erholen, sie war durch ihren Unfall einfach zu hart aus ihrem bisherigen Leben katapultiert worden. »Aber erklär mal der Familie, dass solche Demenzen sich durchaus zurückbilden können«, murmelte sie.

Wäre schön, jetzt jemanden zum Reden zu haben. Ines kramte in ihrer Tasche. Eben hatte sie die Zeitung aus dem Briefkasten genommen. Sie besaß nur ein Samstagsabo – diese eine Ausgabe kriegte sie gerade so gelesen. Die Schlagzeile ließ ihre Sorgen um die Patientin verblassen.

Verstümmelte Leiche in Geisberger Forst gefunden – bis zu drei Täter möglich.

Bis zu drei Täter?

»Um Gottes willen!«, sagte Ines lauter. Sollte Sandra ruhig wach werden. Falls sie schlief.

Die Welt wurde immer brutaler. Zum Glück fand sich nur ein Foto vom bereits geschlossenen Leichensack auf der ersten Seite. Ines hasste die zur Schau gestellte Gewalt in den Medien. Fassungslos überflog sie den Artikel. Eine junge Australierin war das Opfer. Sie hatte mit ihrer Mutter Urlaub auf einem dieser Kreuzfahrtschiffe gemacht, die den Bambergern auf den Keks gingen. Die Polizei schien im Dunkeln zu tappen, jedenfalls hieß es, man könne aus ermittlungstaktischen Gründen nicht viel sagen.

Ines legte die Zeitung weg. Sie war über 50, sie ging davon aus, dass ihr vieles nicht mehr zustoßen konnte, was den jüngeren Frauen drohte. Wie schlecht die Welt war! Ines goss sich Tee ein, und weil sie so aufgewühlt war, suchte sie nach der Flasche mit dem Cognac und gab einen gehörigen Schuss in die Tasse. Genießerisch trank sie einen Schluck.

Aus dem Zimmer ihrer Mieterin drang kein Laut. Ines bekam eine Gänsehaut. Der Tag war kühl, manchmal Sonne, meistens Wolken, das kannte man vom April.

Ich sollte die Heizung höher drehen.

Ob sie Sandra die Zeitung zeigen sollte? Besser nicht. Sie sollte einen unbeschwerten Sprachkurs haben und den Frühling in der Stadt genießen.

Ines erhob sich, warf die Zeitung in den Korb mit dem Altpapier. Ihr war die Lust am Lesen vergangen. Ein paar Sekunden verharrte sie so und lauschte in die leere Wohnung. Nur das Summen des Kühlschranks war zu hören; irgendwo brummte eine Fliege.

Mit wenigen Schritten war Ines an Sandras Zimmertür. Klopfte. Als niemand antwortete, drückte sie die Klinke herunter.

Das Zimmer war picobello aufgeräumt. Und bis auf die Möbel völlig leer. Auf der glatt gestrichenen Bettdecke lag ein Zettel neben ein paar Geldscheinen.

Ich musste schnell nach Hause. Ein Notfall mit meiner Mutter. Tut mir leid.

Ines stand wie vom Donner gerührt. Schließlich sank sie auf das Bett und strich müde über die kühlen Laken.

Sie fühlte sich um irgendwas betrogen.

8.4.2018

20

29 Stunden und zwei Stopps später rissen sie ihn aus dem Schlaf.

»Meine Damen und Herren, wir befinden uns bereits im Landeanflug auf Frankfurt. Bitte schnallen Sie sich jetzt an, stellen Sie Ihre Sitzlehnen gerade und klappen Sie die Tische vor sich ein …«

Louis richtete sich auf.

Es war ein Irrtum.

Er sagte es laut.

»Es ist ein Irrtum.«

»Was?« Der Mann neben ihm leerte seinen Drink.

»Nichts. Können Sie da draußen was erkennen?«

»Alles düster. Bodennebel. Ziemlich windig. Wird eine wackelige Landung.«

Louis schloss die Augen und versuchte, den Schlaf zurückzubeten. Lass mich schlafen. Nur noch zehn Minuten. Er sehnte sich nach einem Reset. Nicht denken, nicht grübeln müssen.

Die Maschine setzte ruhig auf und rollte aus.

»Der Pilot kann was«, sagte der Mann neben Louis.

Louis kamen die Tränen. Er gähnte, um sich abzulenken. Der Blick aus dem Fenster zeigte im Morgendunst liegende Flughafengebäude, andere Maschinen, die zu ihren Startpositionen unterwegs waren. Der Tag hatte kaum begonnen und wirkte schon so grau, als könne er sich nicht vorstellen, wie er die nächsten Stunden weitermachen sollte. Willkommen auf dem alten Kontinent, dachte Louis. Seine Schwiegermutter brachte zu allen passenden und unpassenden Gelegenheiten die Sprache auf ihre frühere Heimat. Da Louis Ruth nicht mochte, war es kein Wunder, dass ihm auch Deutschland bislang als kein besonders sympathisches Land vorgekommen war. Wobei er vor seiner Ehe mit Fanny Ruth ganz und gar wertfrei entgegengetreten war. Ruth hat mich von Anfang an verabscheut, dachte er, während die Maschine ihre Parkposition einnahm, mich abgelehnt, bei Fanny gegen mich intrigiert. Sie hat diesen ganzen Streit vom Zaun gebrochen. Nicht ich.

Er absolvierte die Passkontrolle. Sie dauerte entschieden länger als bei den anderen Reisenden des Fluges, die allerdings weder Dreadlocks trugen noch ein Banjo bei sich hatten. Endlich hatte Louis seinen Stempel im Pass und schleppte sich weiter zu den Gepäckbändern. Bis er das richtige gefunden hatte, drehte nur noch sein Rucksack einsame Runden.

Der Zoll hielt ihn auf, was ihn kaum mehr erstaunte, und filzte Rucksack und Banjo. Die Beamten wirkten regelrecht enttäuscht, als sie nichts Illegales bei ihm fanden.

Er suchte sich ein Starbucks, bestellte den größten Cappuccino, den sie hatten, und suchte sich einen Sitzplatz mit Aufladegelegenheit für sein Handy. Endlich scrollte er durch die Messages, die er von Fanny bekommen hatte. Nur kurze Zeilen, ein LOVE. Dann stutzte Louis.

Die letzten beiden Messages kamen von einer ihm unbekannten Nummer. Einer Nummer mit ausländischer Vorwahl. Obwohl er die erste davon beantwortet hatte, war ihm die neue Nummer nicht aufgefallen. Er hatte schlicht auf *Antworten* gedrückt. Louis überprüfte die Daten. Am 4. und 6. April – da war Fanny offiziell schon …

Es war ein Irrtum.

Sie war nicht tot.

Sie hatte sich ein neues Handy zugelegt. Mit zitternden Fingern drückte er auf Anruf. »The number you have dialled is temporarily not available.«

Louis trank den Kaffee. Er war kalt. Ihm war es egal. Adrenalin flutete seinen Körper, schwemmte Müdigkeit und Trauer weg. Fanny lebte. Wer sonst sollte ihm diese Messages geschickt haben? Sie waren der definitive Beweis, dass seine Frau noch am Leben war. Er hatte es ja geahnt! Hätte er nur sein Handy vorher aufgeladen, er hätte längst mehr Klarheit gehabt.

Obwohl es auch andere Erklärungen gab. Jemand hatte an Fannys Stelle die Nachrichten geschrieben. Um zu verschleiern, dass sie …

Wer?

Ruth?

Louis fühlte die Hitze in sein Gesicht schießen.

Es wäre typisch, wenn seine Schwiegermutter …

Das darf ich nicht einmal denken. Sie hasst mich, aber sie würde mich nicht so anschmieren.

Louis holte sich einen neuen Cappuccino. Einen Muffin dazu. Sein Magen knurrte.

Okay, die Message am 4.4., die hätte Ruth schicken können, um ihn darüber hinwegzutäuschen, dass Fanny vermisst wurde. Aber die Nachricht zwei Tage später … da musste sie bereits gewusst haben, dass Fanny tot war.

Ruth hat Fanny identifiziert, du Hirni, schimpfte er sich.

Er glaubte das nicht.

Obwohl natürlich jeder beliebige Mensch den Namen »Fanny« unter eine SMS tippen konnte.

Denke an dich. Du fehlst mir. LOVE. Letzteres immer in Großbuchstaben. So unterzeichneten sie beide ihre SMS. Wer konnte das wissen, sodass es ein Leichtes wäre, die Texte zu fälschen?

Ruth?

Wenn sie Fannys altes Handy in die Finger bekommen und durch die Messages gescrollt hatte …

Louis stopfte den Muffin in sich hinein, griff nach seinen Sachen und verließ das Starbucks. Am Infoschalter bekam er die Auskunft, dass er am Bahnhof direkt im Flughafen ein Ticket nach Bamberg kaufen konnte. Die Fahrt würde mit Umsteigen etwa zweieinhalb Stunden dauern. Er solle sich beeilen, der nächste ICE ginge in 30 Minuten.

Louis spurtete los.

21

Katinka schleppte ihren Altpapierkarton in den Innenhof und kippte seinen Inhalt in die blaue Tonne.

»Morgen, Frau Palfy.«

»Wischnewski! Was schleichen Sie denn durch den Nebel!«

»Schrecklich, nicht? Bamberg ist ein Nebelloch. Hätte ich bedenken sollen, als ich in ein Haus zog, das keine 20 Schritte von der Regnitz entfernt liegt.«

»Meckerliese!« Katinka grinste. »Im Ernst, ich sehe Sie kaum noch. Wann zieht eigentlich Ihre Corposanto ein?«

Dante wurde feuerrot.

Oh, dachte Katinka. Volltreffer.

»Gar nicht. Nehme ich an.«

»Sagen Sie mir nicht, Sie hätten sich getrennt.«

»Nein, nein«, erwiderte er hastig. Er hatte die extravagante Marta Corposanto im Verlauf des letzten großen Bamberger Falls kennengelernt, den er mit Katinka gelöst hatte. Die überschwänglichen Gefühle für die Mitarbeiterin des IT-Konzerns, die Katinka sogar kurz in die Riege der Verdächtigen eingereiht hatte, möbelten ihn dermaßen auf, dass er seine Wohnung im Dachgeschoss in einem Affenzahn fast ganz allein renoviert hatte. Nun lebte er nach einem Jahr immer noch solo dort, und es sah nicht so aus, als wollte Marta Corposanto Dantes Werben nachgeben. »Sie hat nur diese echt tolle Wohnung am Bahnhof.«

»Wer will schon an einer lauten Kreuzung am Bahnhof wohnen, wenn er in der Innenstadt, da wo Bamberg wirklich noch Bamberg ist, einen kopfsteingepflasterten Innenhof haben kann?«

»Sie haben leicht scherzen, wirklich, Frau Palfy.« Dante nahm das Basecap ab und kratzte sich am Kopf. Sein Haar schien nun vollends auszugehen. Bis auf wenige Flusen war da nicht mehr viel.

»Laden Sie sie zum Candle-Light-Dinner ein. Unternehmen Sie was mit ihr. Eine Kurzreise. Marienbad oder ein Ticket für das ›Bambados‹, Wellness ein ganzes Wochenende lang.«

»Marta fliegt auf Kurztrip nach Antigua. Und sie hat Freunde mit Wellnesszentren im Untergeschoss der eigenen Villa. Pool, Sauna, Dampfbad, alles vorhanden.«

Also liegt es am schnöden Mammon, dachte Katinka. Sie hatte läuten hören, die Corposanto habe geerbt. Beinahe hätte sie der vornehmen Dame nämlich Korruption unterstellt, weil das deren auffälligen Reichtum erklärt hätte. Dante tat ihr leid. Er war nicht mehr der alte Wischnewski mit seiner leicht übergeschnappten Spontaneität, der, stets auf der Jagd nach Geschichten, umherschoss wie eine Kugel in einem Flipper.

»Wer ist eigentlich der Kollege, der über …«

»Über Ihre Leiche schreibt? Florian Bockler. Der neue Liebling vom Deskchef. Den haben sie aus irgendeiner Online-Redaktion in Oberbayern rausgeholt.«

»Sch…«

»Sprechen Sie es nicht aus. Für einen wie Bockler lohnt es sich nicht, mit Flüchen das Seelenheil aufs Spiel zu setzen. Der Deskchef steht eben auf heile Familien. Der katholische Hintergrund, Sie verstehen? Ein verheirateter Mann mit 30 wirkt doch gleich viel solider als ein

Junggeselle, vor allem, wenn er drei Knirpse im Neubau rumspringen hat, und eine Frau, die Torten bäckt für gute Zwecke. Bockler hat das.« Er brach ab.

»Wischnewski, Sie hat es schlimm erwischt.«

»Jedenfalls kriegt Bockler jetzt die interessanten Sachen.« Dante setzte das Basecap wieder auf. »Ihr Handy klingelt übrigens.«

Katinka griff in die Jeanstasche. Unbekannte Nummer.

»Hallo? Katinka Palfy hier?« Sie bemerkte Dantes fragenden Blick und drehte sich weg.

Aus der Leitung drang Scheppern. Dann: »Hier spricht Louis Chatwin.«

»Ich kann Sie kaum verstehen.«

»Sie haben versucht, mich zu erreichen.«

Katinka schwirrte der Kopf. Seine Frau war tot. »Danke, hat sich erledigt«, war sicher nicht die passende Antwort.

»Ja, ich ... ich arbeite an dem Fall Fanny Chatwin. Ihre Schwiegermutter hat mich beauftragt.«

»Ich bin im Zug nach Bamberg.« Die Leitung war für Sekunden unterbrochen.

Dante fuchtelte mit den Händen vor Katinkas Nase herum, die Augen weit aufgerissen.

»Hallo, Louis? Sind Sie noch dran?«

»... in zwei Stunden.«

»In zwei Stunden?«

»Am Bahnhof in Bamberg.«

»Ich hole Sie ab. Schicken Sie mir ein Foto von sich.«

»Okay.«

Katinka legte auf. »Fannys Ehemann ist im Zug nach Bamberg.«

»Öha.«
»Kommen Sie mit?«
»Worauf Sie sich verlassen können.«

22

Katinka und Dante warteten am Bahnsteig. Der Zug hatte Verspätung.

»Das kriegt die Bahn nicht hin, und das regt mich auf!«, tobte Dante los, Ärger und Verlegenheit auf ein neues Ziel richtend. »Wir sind ein Hochtechnologieland, in dem die sündhaft teure Bahn nicht pünktlich fährt und die Autobahnen durch Baustellen verstopft sind. Kann mir das mal jemand erklären?«

»Abregen, Wischnewski, da kommt der Zug ja.«

»Wurde auch Zeit!«

Katinka hatte keine Nerven, sich über die Pünktlichkeit von Zügen auszulassen. Sie fragte sich, wie sie Louis gegenübertreten sollte.

»Wie sieht der Knabe aus?«, fragte Dante. Er tänzelte neben Katinka herum.

»Er hat ein Foto von sich geschickt.« Katinka hielt ihr Handy hoch. »Dreadlocks. Ansonsten ein Allerweltstyp, würde ich sagen.«

»Wenn Sie Dreadlocks als etwas Besonderes ansehen, muss ich Sie eines Besseren belehren«, fing Dante an.

Katinka hörte nicht hin. Mit Dante über Haare zu sprechen, war ohnehin nur peinlich.

Eine Menge Reisende drängten sich auf dem Bahnsteig. Rucksäcke, Koffer und Fahrräder wurden in Stellung gebracht, während der Zug einfuhr. Bremsen kreischten. Die Lautsprecherdurchsage ging im Lärm unter. Katinka trat ein paar Schritte zurück, versuchte, den Überblick zu wahren.

»Da!« Dante streckte den Finger aus.

Ein Mann mit Rucksack und Instrumentenkoffer stieg aus. Er sah sich suchend um, angerempelt von jenen Reisenden, die in den Zug einsteigen wollten.

»Louis Chatwin?« Katinka ging auf ihn zu. »Ich bin Katinka Palfy.«

Er stellte sein Instrument ab und drückte ihr die Hand. »Hi. Ich bin Louis. Ich bin ja so froh, Sie zu treffen. Fanny kann keinesfalls tot sein, verstehen Sie?«

Katinka musterte ihn etwas genauer. Er war etwa Mitte 20, doch um seine Augen hatten sich schon scharfe Fältchen gebildet. Seine Augen waren gerötet. Er schwitzte. Gewalttätig sah er nicht aus, eher ein Friedensbewegter der 80er, fand Katinka. Was nichts hieß.

»Sie sind um den halben Globus geflogen. Sollen wir ...«

»Sie hat mir Nachrichten geschickt. Von einer anderen Nummer. Aber eindeutig Fannys Schreibstil, verstehen Sie?« Sein Blick fiel auf Dante. Er wurde sofort misstrauisch.

»Mein Assistent«, stellte Katinka vor. Sie hoffte inständig, Dante würde seine Tätigkeit als Journalist erst einmal für sich behalten.

»Dante Wischnewski, willkommen in Franken.« Dante ergriff Louis' Hand und schüttelte sie, als müsse er einer unsichtbaren Kamera die staatstragende Bedeutung dieses Besuches verdeutlichen.

»Hi.« Louis nickte ihm zu. »Fanny muss irgendwo noch hier sein. Sie verstehen?«

»Ich schlage vor, wir essen zu Mittag und besprechen alles«, sagte Katinka.

Schließlich landeten sie im »Sternla«. Sonntagmittags gaben sich die Touristen in Bambergs ältestem Gasthaus die Klinke in die Hand, aber Dante kannte den Wirt und ergatterte Plätze im Nebenraum, wo der Katzentisch von den Reisegruppen verschont worden war.

Louis war höllisch hungrig. Er hatte einen mehr als 30-stündigen Flug mit wenig Schlaf hinter sich und eine so gut wie durchwachte Nacht zuvor. Bier und Schäuferla beruhigten seine Nerven ein wenig, dennoch betonte er immer wieder, dass Fanny am Leben war, und begründete dies mit den Messages, die sie angeblich an ihn geschickt hatte.

Dante murmelte »Wunschvorstellung« in Katinkas Richtung.

»Ruth Pessel hat Fanny identifiziert. Sie ist die Mutter.«

»Das heißt gar nichts. Ruth hat von Anfang an versucht, uns auseinanderzubringen.«

»Warum eigentlich?«, fragte Katinka.

»Von Beginn an hatte sie was gegen mich. Zuerst dachte ich, sie mag meinen Aufzug nicht. Also, dass ich Musiker bin, mit Dreadlocks rumlaufe und ab und zu kiffe. Was ich übrigens schon länger nicht mehr gemacht habe. Ich trinke, wenn ich mit meinen Jungs im Pub spiele. Keine harten Sachen. Nur Bier und manchmal Whiskey. Nicht einmal Schnaps. Ich muss freitags den Stress der Woche absacken lassen. Lehrer sein ist nicht so gemütlich, wie es sich anhört. Selbst wenn man sein Hobby zum Beruf macht.«

»Sie sind Musiklehrer?«

»Genau.« Er drehte das Bierglas in den Händen. »Wie gesagt, ich dachte immer, Ruth mag meine Frisur nicht und die ganze Lebenseinstellung, die ich mit meiner Art repräsentiere. Aber irgendwann habe ich gemerkt, dass sie selbst einen Banker mit ausrasiertem Nacken nicht gemocht hätte. Nicht für ihre wertvolle Fanny.«

»Ruth behauptet, Sie würden Fanny schlagen.«

»Was?« Wie vom Donner gerührt schob Louis das Glas weg. »Das ist nicht wahr.«

»Sie schlagen Fanny nicht?«

»Natürlich nicht. Wir lieben uns. Wir sind ein modernes Paar. Ich bin bereit, mit ihr umzuziehen, wenn sie irgendwo, sagen wir auf Tasmanien, einen Job kriegt. Als Musiklehrer habe ich es leichter als sie, ich würde wahrscheinlich überall in Australien eine Anstellung finden.«

»Wie kommt Ruth Ihrer Meinung nach dazu, Ihnen Gewalttätigkeit zu unterstellen?«

Louis rieb sich die Schläfen. »Ich habe keine Ahnung.«

»Häusliche Gewalt ist eine Sache im Verborgenen«, sagte Dante. »Sie beginnt nicht mit brutalen Schlägen, sondern mit verbalen Attacken, dann kommt vielleicht eine Ohrfeige …«

»Sind Sie wahnsinnig?« Louis wurde laut. »Ich habe Fanny weder mit Worten noch mit Fäusten drangsaliert! Nie!« Eine Ader an seiner Stirn schwoll an.

»Mein Assistent will lediglich sagen, dass wir Ruths Behauptung nicht einfach links liegen lassen können«, half Katinka aus. Sie schwitzte. Es war laut im Raum, der Dunst von Bier und Essen machte sie müde. Die Unterhaltung in der Fremdsprache strengte sie an.

Louis wirkte wie ein ganz normaler junger Mann. Wenn er von Fanny sprach, leuchteten seine Augen. Er liebte seine Frau, daran bestand kein Zweifel. Was nicht bewies, dass er sie tatsächlich nicht schlug. Geschlagen hatte. Dante lag richtig: Gewalt in Familien war etwas Unterschwelliges, das selbst die Beteiligten, Opfer wie Täter, lange leugneten.

»Fanny hatte ein großes Hämatom am Oberarm.«

»Sie ist beim Abflug am Flughafen hingeschlagen. Irgendein Depp hat sie angerempelt. Dem habe ich aber ein paar Zeilen angesagt!« Louis trank einen Schluck.

»Würden Sie uns die Textmessages zeigen?«, bat Katinka. Immerhin deckte sich hier Louis' Erklärung des blauen Flecks mit der von Ruth.

Bereitwillig zückte er sein Smartphone.

»Hier. Am 1.4. hat sie mir geschrieben. Auf ihrem alten Handy mit der australischen Nummer.«

Katinka nahm das Gerät in die Hand.

Alles okay bei dir? Irgendwie kann ich mich mit der momentanen Situation nicht anfreunden. Mom spinnt jetzt komplett, weiß nicht, wie ich reagieren werde. Vielleicht ist es mal Zeit, dass ich mir darüber klar werde. LOVE.
Fanny

»Was meint sie damit? Mom spinnt jetzt komplett?«

»Ich habe keine Ahnung.«

»Sie haben ihr nicht geantwortet? Das war vor einer Woche.«

»Nein, ich habe nicht gleich geantwortet. Denn als sie das schickte, war in Australien tiefe Nacht, und ich habe geschlafen. Am Morgen bin ich in die Schule. Wir hatten eine Big Band-Probe, und es gab Ärger wegen eines Schülers, der von zu Hause abgehauen war. Ich kam ewig spät heim. Ich habe versucht, sie anzurufen, aber sie ging nicht dran.«

Katinka checkte die Uhrzeit. Louis hatte um kurz vor 23.00 Uhr australischer Zeit Fannys Nummer gewählt. Der Anruf war nicht beantwortet worden.

»Wir haben Sommerzeit. Wie viele Stunden Zeitverschiebung bestehen zwischen Melbourne und Deutschland?«

»Neun.«

»Also war es hier kurz vor zwei nachmittags«, half Dante eilfertig aus.

»Da war Fanny schon abgängig. Sie hat sich während der Stadtführung am Vormittag absentiert.« Katinka kramte in ihrem Rucksack nach ihrem Notizbuch. »Sie hat ihr Handy ausgeschaltet und wahrscheinlich sogar den Akku rausgenommen. Die Polizei hat nach dem Auffinden ihrer Leiche versucht, das Handy zu orten. Die letzte Funkzelle, in die sie eingeloggt war, war eine, die den Bamberger Hafen abdeckt. Das war um 9.20 Uhr.«

»Sie ist nicht tot.« Louis' Stimme brach.

»Wir müssen die Polizei über die neuen Entwicklungen informieren«, erklärte Katinka. »Sie werden diese neue Nummer, mit der die beiden anderen SMS gekommen sind, unter die Lupe nehmen.«

»Ich habe x-mal diese Nummer gewählt, aber niemand antwortet.« Louis räusperte sich.

»Laut Rechtsmedizin ist Fanny am 3.4. gestorben. Und die Nachrichten von dem fremden Handy wurden am 4. und am 6.4 abgeschickt.«

»Hat sie also dieses neue Handy auch wieder stillgelegt?« Verwirrt sah Louis zwischen Katinka und Dante hin und her. »Verstehen Sie, sie hat immer mit *LOVE*, einem Punkt dahinter und erst dahinter mit *Fanny* unterzeichnet. *LOVE* in Großbuchstaben. Entschuldigen Sie, ich muss auf die Toilette.« Unvermittelt sprang er auf.

»Gott sei Dank ist er für ein paar Minuten außer Sicht.« Dante beugte sich vor. »Er ist total überzeugt, dass Fanny noch lebt!«

»Sie ist tot! Ich habe die Leiche gesehen.«

»Und ihre Mutter hat sie identifiziert.«

»Ja. Sie war nervlich am Ende. Kein Wunder, das Gesicht war total entstellt. Grauenvoll. Da hat jemand brutal zugeschlagen.«

»Louis kann es nicht gewesen sein.«

»Nein, kann er nicht, Wischnewski. Und wissen Sie, was? Ich kann mir nicht vorstellen, dass er zu solch exzessiver Gewalt fähig wäre.« Selbst unter Drogen nicht, fügte sie im Stillen hinzu.

»Wenn Fanny tot ist, wer hatte seine Nummer, um ihm Messages zu schicken, die sich anhören, als kämen sie von Fanny?«

Katinka wiegte den Kopf. »Womöglich wusste Ruth, dass Fanny mit LOVE unterschreibt. Dass das Wort wie ein Siegel ist, und sie hat die Nachrichten an Louis geschickt.«

»Das wäre außerordentlich … niederträchtig.«

»Sie mag ihn nicht.«

»Aber Frau Palfy! Selbst wenn Sie Ihren Schwiegersohn zum Kotzen finden, würden Sie ihm so ein Schmierentheater vorspielen? Das ist doch abstrus. Wozu sollte sie das tun? Um ihn zu quälen? Denn die Todesnachricht musste er früher oder später sowieso bekommen.«

»Menschen sind seltsam.«

»Aber es gibt Grenzen. Obwohl die meisten Leute einen ziemlichen Sockenschuss haben, verhalten sie sich in Fällen erhöhter Dramatik überwiegend anständig.«

»Oder gerade nicht«, erwiderte Katinka.

»Probieren wir es mal mit reiner Logik: Wenn nicht Fanny diese SMS gesendet hat, dann war es jemand, der ein deutsches Handy nutzte, um Louis zu foppen oder Fannys Tod zu verschleiern. Er sollte denken, dass alles in Ordnung ist. Das könnte seine Schwiegermutter getan haben. Oder …«

»Oder der Mörder.«

23

»Wo ist der Australier jetzt?« Hardos Stimme klang heiser durch das Handy.

»Er pennt oben bei Dante. Es ist ja nichts dabei, Hardo.« Katinka hatte den Drang, ihn zu beruhigen. Sie saß in ihrer

Küche, die Füße hochgelegt. Obwohl es erst kurz nach 18.00 Uhr war, fühlte sie sich zerschlagen wie nach einer langen Wanderung.

»Wir haben die Nummer gecheckt«, berichtete Hardo. »Fanny Chatwin selbst hat dieses Handy gekauft und sich mit ihrem australischen Pass ausgewiesen. Und zwar am 2.4., um 12.00 Uhr.«

»Nach dem Stadtgang.«

»Ja. Das andere Handy war da schon nicht mehr ortbar.«

»Das heißt, sie hat sich mit einem neuen Smartphone ausgerüstet. Für ihre weiteren Abenteuer.«

Hardo hustete. »Ich nehme an, sie wollte von ihrer Mutter unabhängig zu neuen Taten aufbrechen. Dazu brauchte sie eine andere Nummer, damit Ruth sie nicht erreichen konnte.«

»Bist du krank?«

»Nicht der Rede wert. Fanny wollte ihr eigenes Ding machen, wozu die letzte SMS passt, die Fanny mit ihrem alten Telefon an ihren Mann schickte: ›Mom spinnt jetzt komplett, weiß nicht, wie ich reagieren werde. Vielleicht ist es mal Zeit, dass ich mir darüber klar werde‹.«

»Hat eigentlich jemand an Ruth Pessel als Täterin gedacht?«

»Am 3.4., zwischen 10.00 Uhr morgens und 15.00 Uhr nachmittags, also zur Tatzeit, ist sie im Hotel im Frühstücksraum gesessen, bis wir sie abgeholt haben und noch einmal ganz genau befragt haben. Anschließend hat ein Kollege sie ins Hotel gefahren. Auf der Pfisterbrücke war Stau, und die Fahrt dauerte über eine halbe Stunde. Sie bat, bei einem Imbiss anzuhalten, und hat sich dort eine Pizza mitgenommen. Der Kollege lieferte sie am Hotel ab. Der Rezeptionist sagt aus, er habe sie vor dem Eingang auf einer Bank sitzen sehen, wo sie ihre Pizza aß und schließlich auf ihr Zimmer ging. Das war um kurz vor halb drei.« Hardo hustete wieder. »Und außerdem, wieso sollte sie ihrer Tochter das Gesicht zerschmettern?«

Katinkas Gedanken wirbelten. »Du hörst dich echt krank an.«

»Bin ich aber nicht.« Husten.

»Außer Ruth Pessel hat niemand in Deutschland Louis' Nummer. Selbst wenn jemand ihr altes Handy gefunden hat, um an ihr Adressbuch ranzukommen, hätte er es anschalten müssen; es hätte ein Log-in an einer Funkzelle gegeben.«

»Du hast ja recht, Katinka.«

»Also kann entweder nur Ruth oder Fanny selbst die Messages geschickt haben.«

»Wir fragen Ruth Pessel danach. Aber der Mörder hatte natürlich das neue Handy, und von dem hat er auch noch zwei Messages an Louis geschickt.«

»Aber warum sollte er das tun? Um ihn zu quälen? Hasst er ihn? Sonst ergibt es keinen Sinn!« Katinka nickte in die leere Küche, als erhoffe sie Bestätigung von Töpfen und Pfannen. »Und weißt du was? Vielleicht deckt Ruth Fanny. Vielleicht will sie, dass Fanny abtauchen kann. Warum auch immer.«

»Sie hat die Leiche identifiziert, Katinka! Sie ist die Mutter, um Himmels willen.«

»Würde ein derart brutaler Mörder sich darum scheren, seine Tat so kompliziert zu verschleiern?« Katinka gab sich in Gedanken die Antwort: Würde er nicht. Deshalb musste entweder Fanny selbst oder ihre Mutter die Nachrichten getippt haben.

Hardo schwieg kurz. »Also, wir brauchen diesen Louis hier. Klar?«

»Ich wecke ihn auf.«

»Bis später.«

»Ciao!« Katinka legte das Handy weg. Ein starker Espresso würde Wunder wirken. Außerdem konnte Louis zeitnah ohnehin nichts tun. Sollte er ruhig eine Weile schlafen.

Sie stellte die Mokkakanne auf den Herd und gab Kaffeepulver in den Filter.

Wenn Fanny und Ruth gemeinsam einen Plan ausbaldowert hatten, der Fanny dabei half zu verschwinden? Aber wozu sollte das gut sein?

Mom spinnt jetzt komplett, weiß nicht, wie ich reagieren werde.

Das konnte alles Mögliche bedeuten. Und die beiden Messages an Louis waren letztlich nichtssagend.

Läuft alles grad nicht so toll bei mir. Hatte ich schon befürchtet, also keine echte Überraschung, wie?

Am 4. April.

Denke an dich. Du fehlst mir.

Am 6. April.

Katinka konnte die Nachrichten mittlerweile auswendig.

Warum war Fanny nicht an ihr Handy gegangen, als Louis sie anrief?

Das Wasser begann zu brodeln. Der Espresso ergoss sich in die obere Hälfte der Kanne, betörender Duft breitete sich aus.

Sie goss sich eine Tasse ein und rief Lore Lawitschka an. Die ging sofort an den Apparat.

»Katinka Palfy hier.«

»Was verschafft mir die Ehre?«

»Ist Fanny Chatwin noch bei dir?«

»Sozusagen.«

»Ihr Mann ist hier.«

»In Deutschland?«

»Exakt.«

»Und du meinst, er sollte einen Blick auf die Leiche werfen? Das würde ich nicht empfehlen.« Lore Lawitschkas Stimme wurde lauter. »Denk an das Gesicht! Das wäre ein furchtbarer Schock für ihn.«

»Er bezweifelt, dass Fanny tot ist.«

»Nahe Angehörige leugnen. Weil es zu schrecklich ist. Dieses ›das kann doch nicht wahr sein‹ hilft ihnen, die ersten Tage zu überstehen.«

»Wenn er sie nicht sieht, wird er sein Leben lang tief im Herzen bezweifeln, dass die Tote wirklich seine Frau ist.« Katinka trank den Kaffee aus. Er war zu stark und zu bitter.

»Womit du auch wieder recht hast. Weshalb bezweifelt er denn, dass …«

»Er bekam Textnachrichten auf sein Handy. In Fannys Schreibduktus. Von einem deutschen Handy, das Fanny sich zugelegt hat. Am Tag, an dem sie sich davonmachte.«

»Wie genau prüfen die Handyläden eigentlich die Ausweise der Käufer?«

»Du meinst …«

»Na ja, wenn eine Frau, die in etwa so aussieht wie Fanny, deren Pass vorlegt?«

»Woher …«

»Ich weiß es nicht, Katinka, aber man sollte sich keine Denkschranken aufbauen. Ich kann nur sagen: Geschlampt wird überall. Und Frechheit siegt. Wie kann ich sonst weiterhelfen?«

»Wenn dir eine Erleuchtung kommt, rufst du mich an?«, bat Katinka.

»Mache ich.«

»Bis dann.«

»Ja, bis zur Erleuchtung.«

Lore Lawitschkas glucksendes Lachen klang durch die Leitung.

Die hat Humor, dachte Katinka, als sie auflegte.

24

Ramzan fühlte sich degradiert. Wände anstreichen – konnte das kein anderer?

Der Boss entschied. Und er hatte zu spuren.

Ramzan warf die Farbrolle in den Eimer. Wie der Boss das mit dem Hauseigentümer klarmachte, wusste er nicht. Morgen würde hier eine neue Mieterin einziehen. Er hatte die Fenster gekippt und die Heizung voll aufgedreht. Die Farbe musste schnell trocknen, der Geruch abziehen. Konzentriert prüfte er ein letztes Mal alle Zimmer, bevor er anfing, die Plastikfolie aufzurollen. Er hatte alles mit ätzenden Chemikalien geputzt. Den Teppichboden rausgerissen und neuen verlegt. Jetzt achtete er darauf, dass keine Farbkrümel auf das helle Lila fielen. Saugen würde er sowieso müssen. Er kam sich vor wie eine Putzfrau. Widerlich war das. Den Dreck der anderen wegmachen. Ramzan stopfte die Folie in einen schwarzen Müllsack.

Helllichter Tag. Von draußen hörte er Leute plaudern. Sie flanierten durch die Straße, saßen in den Cafés. Er hatte noch nie so viele Cafés in einer Straße gesehen. Der Frühling machte die Menschen heiter, obwohl das Wetter immer noch zu kühl war. Normalerweise dachte er nicht übers Wetter nach; heute schon. Wegen der Farbe an den Wänden, die trocknen musste. Höhere Temperaturen wären da besser. Und dann schielte er nach dem Leben draußen, weil er sich fragte, wie es mit ihm weitergehen sollte. Er würde sich nie am Sonntag oder nach Arbeitsschluss mit einer Frau in so einem Café treffen, wie es andere Männer hier taten. Weil seine Arbeit nie beendet war. Er war immer auf Abruf. Wenn der Boss ihn brauchte, war er bereit. Im Gegenzug sorgte der Boss für Papiere und Geld.

Ramzan schraubte die alten Vorhangstangen wieder an. Sie sahen seltsam grau aus im Vergleich zur frisch geweißelten Wand: Nun, er ging davon aus, dass die Kunden hier sich über Vorhangstangen keine allzu großen Gedanken machten. Aus einem Karton nahm er die Vorhänge und hängte sie auf. Er hoffte, der Abstand zu den Wänden war groß genug, sonst bekämen sie Farbflecken, aber darauf konnte er jetzt nicht mehr achten. Es wurde Zeit, dass er zum Ende kam. Neue Aufgaben warteten. Einer wie er war vielseitig einsetzbar. Insbesondere als Handwerker, dachte er zornig.

Er saugte den Teppichboden und trug dann Müllsack und Staubsauger hinunter. Anschließend holte er die Kartons. Eventuell bekäme er bald eine richtige Arbeit. Als Türsteher – das würde ihm taugen. Er hatte eine Nahkampfausbildung. Aufmerksam ging er zum letzten Mal durch die beiden Zimmer, überprüfte das Bad und die winzige Küche. Alles in Ordnung. An der Küche hatte er gar nichts tun müssen, und das Bad war auch unbehelligt geblieben. Umso besser.

Ramzan zog die Tür hinter sich zu und schloss zweimal ab.

Er ließ den Müll im Treppenhaus und ging den Wagen holen. Ein alter Saab diesmal, es sollte wirken, als habe hier ein Vater für seine Tochter die Studentenbude hergerichtet. Die Leute an den Cafétischchen guckten gestresst, als er im Schritttempo an ihnen vorbeirollte. Er hielt. Lud den Müll ein. Zog die Haustür zu.

Der Boss hatte gesagt, wenn du was in aller Öffentlichkeit machst, nehmen die Leute das so hin. Sie sehen dir zu, denken, es ist alles in Ordnung.

Ramzan setzte sich in den Wagen.

Eine Frau mit einem Dackel an der Leine lief direkt vor ihm her. Er hupte vorsichtig. Nur ein freundliches »Tut«.

Sie drehte sich wütend um, sah ihn an.

Larissa?, dachte er. In ihrem Blick schien etwas auf. Wiedererkennen?

Verdammt, Larissa.

Er klappte die Sonnenblende herunter.

25

Hardo kam gegen 22.00 Uhr völlig fertig nach Hause. Das Gesicht krebsrot, die Lider geschwollen, die Stimme krächzig.

»Ich wusste, du bist krank«, sagte Katinka, als sie zu ihm in die Wohnung kam. »Wie wäre es mit heißem Tee?«

»Lieber Biersuppe mit Brot.« Er ging in die Küche.

»Igitt.«

»Doch, das hilft.«

»Als Schlafmittel sicher perfekt.«

Er lachte und hustete.

»Fanny plante anscheinend zu verschwinden. Deshalb kaufte sie ein neues Mobiltelefon. Wir haben Ruth Pessel noch einmal befragt und mit dieser Handysache konfrontiert. Ihr ist das alles schleierhaft.« Hardo nahm eine Flasche Bier aus dem Kühlschrank und goss ihren Inhalt in einen Topf. Schweißperlen glitzerten auf seinem kahlen Schädel. »Angesichts des Schocks, unter dem sie noch steht, weiß ich nicht, wie ich ihre Aussage gewichten soll. Sie behauptet, ihr Verhältnis zu Fanny sei prima gewesen. Wie es sein sollte. Mutter und erwachsene Tochter. Eine winzige Familie ohne Vater oder Geschwister. Es gibt nicht einmal Tanten und Onkel. Ruth war selbst ein Einzelkind.«

»Habt ihr Ruth gesagt, dass Louis in Deutschland ist?«

»Bisher nicht. Louis sagt aus, Ruth sei ziemlich dominant Fanny gegenüber.« Hardo schnitt ein Stück Brot in Würfel.

»Machte Fanny das nichts aus?«

»Doch, sie war genervt.«

»Also könnte ihr Verschwinden eine Flucht vor der Mutter sein.«

»Eine ziemlich tragische, wenn du mich fragst. Urlaubsreisen sind sowieso der Killer. Wann haben Menschen sich je so entzweit wie im Urlaub!«

»Deine Stimme hört sich wirklich bescheiden an.«

Er gab die Brotwürfel zu dem Bier in den Topf. »Das hilft mir jetzt auch nichts. Wir müssen dran bleiben.«

»Habt ihr Ruth mit den Messages konfrontiert?«

»Nein. Es hat keinen Zweck, sie verrückt zu machen. Ihr geht es ziemlich mies. Oft kommt der Zusammenbruch erst ein paar Tage nach der Erkenntnis, dass der Mensch, den du liebst, tot ist.«

Er sah Katinka nicht an. Sie wusste ohnehin, dass er in solchen Momenten den Schmerz über den Tod seiner Tochter besonders deutlich fühlte.

Die Biersuppe begann zu köcheln.

Katinka rümpfte die Nase. »Was für ein übler Geruch.«

Er goss das Gebräu in eine Suppentasse. »Du hast leicht lästern.«

»Schließt du aus, dass Ruth die Nachrichten an Louis geschrieben hat?«

»Sie kann nichts von einem deutschen Handy gewusst haben! Hätte sie die Nummer gehabt, hätte sie Fanny zu erreichen versucht. Das ist die einzige logische Alternative. Stattdessen hat sie offenbar Fannys altes Handy viele Male angerufen und ihr, weil sie sie nicht erreichen konnte, eine SMS geschickt. ›Warum kann ich dich nicht erreichen? Melde dich‹. Am 6.4. Kurz bevor sie die Todesnachricht bekam.«

»Das macht alles gar keinen Sinn. In dem Fall kann nur Fanny die Nachrichten gesendet haben.«

»Unsinn. Fanny ist tot.« Hardo trank von seiner Biersuppe. Verzog das Gesicht. »Ich hatte das Zeug nicht so übel in Erinnerung.«

»Wenn die Tote nicht Fanny ist, was dann, Hardo?«

»Ruth hat sie identifiziert. Sie ist die Mutter. Wenn es nicht Fanny gewesen wäre, sie hätte vor Erleichterung Hymnen gesungen.«

»Stimmt auch wieder. Sind die Messages hier aus Bamberg abgeschickt worden?«

»Aus der Innenstadt. Morgen werden die Medien ein Foto von Fanny bringen. Es geht darum, wer Fanny vor ihrem Tod noch gesehen hat. Das Zeitfenster ist nicht groß. Zwischen ihrem Verschwinden und ihrem Tod liegen 24 Stunden.« Hardo trank seine Suppe aus und verzog sich ins Bett. Wenig später hörte Katinka sein Schnarchen. Sie ging in ihre Wohnung hinüber und schaltete den Fernseher an.

Die Frage nach einem Motiv war die entscheidende. Irgendwo in Fannys Leben war etwas verkorkst. Wenn sie herausfände, was, könnte sie vielleicht das Rätsel um das Motiv lösen.

Sie zappte durch die Kanäle. Es machte alles überhaupt keinen Sinn.

9.4.2018

26

Ein freier Montag. Und so ein Prachtwetter! Endlich habe ich mal Glück mit meinem freien Tag, dachte Ines. Sie frühstückte um 8.00 Uhr und beschloss, einen ausgedehnten Stadtbummel zu machen. Lange genug war sie nicht mehr in die Altstadt gekommen. Sie brauchte ein paar Sommerklamotten, eine Hose, eine schöne Bluse, außerdem ein wenig Lesestoff.

Lächelnd räumte sie ihr Geschirr weg.

Dass Sandra mir nichts, dir nichts abgehauen war, konnte sie nicht verstehen. Was für ein Problem mit ihrer Mutter sollte das sein? Ines hatte den Zettel in den Abfall geworfen. Mit dieser Wut tief drinnen wurde sie nicht fertig.

Was Blödsinn ist, dachte sie. Ich bin psychologisch gebildet genug, um zu wissen, dass ich mir selbst in die Tasche gelogen habe. Sandra ist nicht meine Tochter, selbst wenn es sich für ein paar Tage so angefühlt hat. Nicht einmal meine Freundin. Ich bin einsam. Das ist der Punkt.

Ihr aufreibender Job – der Schichtdienst, die vielen Dinge, über die sie nicht reden konnte – hatten Ines' Freundeskreis über die Jahre immer weiter schrumpfen lassen. Wenn alte Bekannte am Freitagabend ins Wochenende sackten, hatte sie Spätdienst oder war vom Frühdienst so erschöpft, dass sie nur noch schlafen wollte. Ein Glas Rotwein und ins Bett. Ich hätte mich öfter überwinden sollen, trotz Müdigkeit auszugehen, dachte Ines.

In den wenigen Tagen, die Sandra hier gewohnt hatte, hatte sie sich jeden Tag auf das Heimkommen gefreut. Das war sonst nicht so. Üblicherweise wartete nur eine leere Wohnung. Sandra jedoch war meistens zu Hause gewesen, wenn Ines von der Schicht kam. Mochte sein, dass sie den Sprachkurs nicht ernst nahm, oder sie hatte noch keine Freunde gefunden, mit denen sie was unternehmen konnte. Das hatte Ines gedacht, aber nun fand sie es eigenartig, dass eine junge Frau, die im besten Alter war, sich die Welt zu unterwerfen, nur in ihrem gemieteten Zimmer hockte.

Ich war ja auch selten zu Hause, dachte Ines. Kann sein, dass ich nicht mitgekriegt habe, wenn sie wegging.

Ines schüttete die aufgeweichten Teeblätter in den Mülleimer. Sie landeten auf Sandras Zettel. Sie erschrak über die Wucht ihres Zorns. Knallte den Deckel auf den Eimer. Sie würde das Gästezimmer langfristig an eine Studentin vermieten. Entschlossen suchte sie die Nummer des Studentenwerks heraus.

Ein paar Mal wurde sie weiterverbunden, bis sie endlich ihr Wohnungsangebot loswerden konnte. Man verwies sie auf das Internet. Sie sollte ein Online-Formular ausfüllen. Quadratmeterzahl, Lage der Wohnung, Details wie Küchenmitbenutzung und Preisvorstellung. Ines legte auf. Das würde sie später machen. Die Euphorie, die sich eben, als sie das Telefon in die Hand genommen hatte, angeschlichen hatte, verpuffte. Jede Aktivität, das ganze Leben wurde reduziert auf Formalitäten. Daran wurden die Leute krank. Das war Ines' Theorie. Immerhin kannte sie sich mit Krankheit aus. Sie kriegte mit, wie die Patienten auf persönliche Veränderungen reagierten. Wer Freude empfand, wurde schneller gesund und schmiedete Pläne für die Zukunft. Die Pessimisten quälten sich, schluckten Tabletten und machten ihre Ärzte zu reichen Leuten. Das Pflegepersonal dagegen durfte die miese Laune von Patienten und Angehörigen aushalten.

Ines pfiff auf das Online-Formular. Sie würde einen Aushang machen. An einem Schwarzen Brett, zum Beispiel in der Mensa. So käme sie sicher viel schneller an eine Mieterin.

Sie schnappte sich ihre Handtasche. Die Sonne schien. Sie hatte frei. Warum gab sie sich diesen düsteren Gedanken hin? Sie war längst nicht auf dem Alteisenhaufen entsorgt.

Der Gang den Kaulberg hinunter in die Innenstadt tat ihr gut. Sie schritt flott aus, atmete tief die milde Luft ein. Die Sonne besaß mittlerweile richtig Kraft. Sie kam zu selten raus. Als sie sich am Pfahlplätzchen durch ein paar Touristengruppen geschoben hatte, knurrte ihr Magen. Eine Seelenspitze wäre jetzt gerade recht. Das buttrige Gebäck war die ideale Ergänzung zu ihrem kargen Haferflockenfrühstück. Sie betrat die Bäckerei Seel und kaufte zwei Seelenspitzen. Mit der Tüte in der Hand trat sie auf die Gasse hinaus. Hier, unterhalb des Doms, in seinem Schatten quasi, erlebte sie Bamberg als am ursprünglichsten. Leider fanden das die Touristen ebenfalls. Je schöner das Wetter, desto verstopfter die hübschesten Winkel des UNESCO-Weltkulturerbes. Ines biss in ihr Gebäck. Hm, wunderbar. Wie lange hatte sie sich dieses fettige Zeug nicht mehr gegönnt? Kalorien machen fröhlich, schoss ihr durch den Kopf.

Vor dem Antiquariat Rath blieb sie stehen. Das Schaufenster war mit verschwommenen Fotos von Bertolt Brecht dekoriert. Daneben die Bilder der Frauen, mit denen er sich in seinem unsteten Leben umgeben hatte.

Ines schob die Bäckertüte in ihre Handtasche und betrat das Antiquariat.

»Morgen.«

»Morgen.« Der Antiquar las Zeitung. »Suchen Sie was Bestimmtes?«

»Gar nicht. Ich möchte stöbern.«

»Nur zu. Machen nicht mehr viele heutzutage. Bloß keine Zufälle. Lieber planen.« Er guckte hinter der Zeitung hervor. Seine blauen Augen leuchteten im Dämmerlicht des Geschäfts.

»Sie haben Brecht im Fenster.«

»Also suchen Sie was von Brecht?«

»Nein, nein.« Ines schüttelte den Kopf. »Ich gebe zu, ich habe schon lange nichts mehr von ihm gelesen. Also … eigentlich habe ich seine Stücke ganz gern gesehen. Im Theater. Aber …«

»Aber?« Der Antiquar legte die Zeitung weg.

»Na ja, ich habe einen anstrengenden Job. Wenn ich lese, dann leichte Kost.« Sie lachte verlegen.

»Das muss Ihnen nicht peinlich sein. Der Leser ist frei. Kein Grund, sich aufgrund von Trends oder den Forderungen der Bildungsbürgerschicht zu irgendeiner Lektüre drängen zu lassen.«

»Da haben Sie sicher recht.« Ines sah zum Schaufenster. »Wer ist denn die rehäugige Schöne?« Sie wies auf ein Schwarz-Weiß-Porträt.

»Luise Rainer. Eine deutsche Schauspielerin. Sie bekam zwei Oscars, nachdem sie Nazideutschland 1935 verlassen und in Amerika ihr Glück gesucht hatte.«

»Darf ich?« Ines nahm das Foto in die Hand. Das zarte Gesicht ... Sie schüttelte den Kopf. Nein. Was für ein Unsinn. Sie war einfach hypersensibel.

»Die Rainer half Brecht, aus Deutschland rauszukommen. Später entwickelte sie mit ihm zusammen die Idee für ein Kreidekreisstück am Broadway und stellte den Kontakt zu dem Theaterunternehmer Leventhal her, der Brecht tatsächlich offiziell den Auftrag erteilte, das Stück zu erarbeiten.« Rath stand auf. Ines kam es vor, als würde er gleich mit dem Kopf an die niedrige Decke stoßen. »Man denkt immer, die Schriftsteller setzen sich eben hin und schreiben. Dabei hat jedes Werk wiederum seine alltäglichen Umstände. Auch in geschäftlicher Hinsicht.«

»Also gab es Brecht am Broadway?«

»Nein. Die Rainer verlor das Interesse, damit war die Sache geplatzt.« Rath nahm Ines das Foto aus der Hand und stellte es zurück ins Schaufenster.

»Schade.«

»Für Brecht nicht unbedingt. Er mochte Auftragsarbeiten nicht. Die Kompromisse zwischen den Erfordernissen des Marktes und seinen Anforderungen an sich selbst gingen ihm auf die Nerven.«

Ines fühlte sich von dem Gespräch überfordert. Sie würde hier nichts zu lesen finden. Eigentlich hatte ihr ein Roman vorgeschwebt, etwas Leichtes, Sommerliches, mit ein wenig Liebe drin. Warum hatte sie dieses düstere Antiquariat betreten?

»Die Rainer wurde übrigens 104 Jahre alt. Stellen Sie sich das vor.« Der Antiquar hielt ein Farbfoto hoch. Eine sehr dünne, sehr runzelige alte Dame mit Häkelmützchen und strahlendem Lächeln war darauf zu sehen. »Mit 101 Jahren reiste sie nach Berlin. Alles ist möglich. Na, dann lasse ich Sie mal in Ruhe stöbern.«

Ines wäre am liebsten gegangen, aber sie traute sich nicht. Irgendwie fühlte sie sich verpflichtet, etwas zu kaufen. Dieses Gefühl hasste sie. Nie wusste sie, wie sie aus solchen Situationen rauskommen sollte.

Vielleicht ein Gedichtbändchen, dachte sie. Die waren bestimmt nicht besonders teuer. Sie schob die Zeitung, die der Antiquar vorhin gelesen hatte, ein wenig beiseite, um an die Kartons darunter heranzukommen.

Dabei fiel ihr Blick auf einen Artikel mit einem Foto daneben, das eine hübsche junge Frau in den 20ern zeigte.

Wer kennt diese Frau?

»Nein«, flüsterte Ines. Sie griff sich an den Hals. »Das ist nicht wahr.«

Der Antiquar sah zu ihr hinüber.

Der Fall um die vergangenen Freitag am Geisberg aufgefundene Leiche wirft nach wie vor Fragen auf. Wie die Polizei berichtet, wurde das Opfer bereits am 3. April getötet und später im Geisberger Forst abgelegt. In dem Zusammenhang werden Zeugen gesucht: Wer kennt Fanny C. oder ist ihr begegnet? Wer hat Beobachtungen in der

Nähe des Auffindeortes gemacht? Bitte wenden Sie sich an die Hotline der Polizei.

Ines starrte auf die angegebene Telefonnummer.

»Alles in Ordnung mit Ihnen?«

Der Antiquar stand hinter Ines. Sie schrak zusammen.

»Ich habe dies gerade gelesen.« Sie wies auf den Text. »Grausam, nicht wahr?«

»Meine Rede. Die Wirklichkeit ist schlimmer als jedes bluttriefende Mittelalterepos.«

27

Katinka besorgte Paracetamol und Halstabletten für Hardo und fuhr anschließend mit dem Rad in die Polizeiinspektion. Als sie die Pfisterbrücke stadtauswärts hinunterrollte, sah sie die ersten mühsamen Versuche der Fliederbüsche, ein wenig Farbe ins Stadtbild zu bringen. Der Tag war sonnig und warm, aber im Westen ballten sich dicke Wolken, die nichts Gutes versprachen.

Sie bog zur Schildstraße ab und schloss ihr Rad vor der Polizei an. Man winkte sie durch. »Zur Mordkommission, wie?«, sagte die Beamtin hinter der Scheibe und griff zum Telefon.

Kleinstadt hat Vorteile, dachte Katinka.

In Hardos Büro saß Sabine mit einem Block auf den Knien und lauschte einer Frau, die aufgeregt erzählte. Beide sahen zur Tür.

»Entschuldigt, wenn ich störe, Sabine.«

»Schon gut, komm rein. Also, Frau Leisgang, wann hat die Dame sich bei Ihnen eingemietet?«

»Couchsurfing. Es heißt Couchsurfing.«

»Ich verstehe.«

Wo ist Hardo?, formte Katinka mit den Lippen.

Sabine machte eine beruhigende Bewegung mit der linken Hand. Katinka setzte sich.

»Sie kam am 2. April. Ich habe ein Zimmer übrig, und ab und zu denke ich, es wäre schön, ein wenig was von der Welt mitzukriegen. Indem ich die Welt zu mir einlade. Na, und Sandra hat sich bei mir sozusagen ganz spontan gemeldet. Sie macht einen Sprachkurs an der Uni und irgendwas mit dem ursprünglich vorgesehenen Wohnheimzimmer klappte nicht.«

»Sandra – wie noch?«

»Barton.«

Sabine machte sich Notizen. »Wie ging es weiter?«

»Am Samstag hatte ich Frühdienst. Ich kam gegen 4.00 Uhr nachmittags nach Hause. Es war alles sehr still in der Wohnung. Ich wohne am Laurenziplatz, da ist nichts los, das Leben für junge Leute spielt sich in Bamberg woanders ab. Ich las Zeitung und war ziemlich geschockt über den Mord, weil … Sandra könnte in etwa in dem Alter sein wie die junge Frau, die sie … so zugerichtet haben. Man macht sich schließlich Sorgen, verstehen Sie?«

Katinka stellte die Tüte mit den Medikamenten auf Hardos Schreibtisch ab. Ihr Herz begann, heftig zu klopfen.

Das Fenster war gekippt. Die Straßengeräusche drangen mit einem Mal ganz laut ins Büro.

»Da klopfte ich bei Sandra. Keine Reaktion. Ich ging rein und fand das.« Die Frau reichte Sabine einen halb zerfetzten Zettel voller dunkelbrauner Flecken. »Ich habe später die Teeblätter draufgeschüttet, da lag das Papier schon im Müll.«

Ich musste schnell nach Hause. Ein Notfall mit meiner Mutter. Tut mir leid.

»Sie sagte, sie käme aus Halifax, West Yorkshire. Sie sprach grammatikalisch fast perfektes Deutsch, nur ihr Akzent war sehr englisch.« Die Frau musste sich sammeln. »Also. Ich habe heute frei. Wollte einen Stadtbummel machen. Da sehe ich in einem Antiquariat ein Foto im Schaufenster. Eine junge Frau, sehr hübsch, mit richtigen Rehaugen. Ich glaube, ich ging rein, weil mich das Foto unbewusst an Sandra erinnert hat. Dabei zeigte es nur eine Schauspielerin. Luise Rainer. Als ich im Laden war, fiel mein Blick auf die Zeitung, die der Antiquar gerade las. Da war Sandras Foto. Sie könnte die Tote sein! Das zarte Gesicht ...«

Katinka vergrub ihr Gesicht in den Händen.

Fanny war nicht tot. Diese Zeugin und die SMS an Louis genügten als Beweis. Sie musste weitersuchen.

»Frau Leisgang«, sagte Sabine, »Fanny wurde nach Erkenntnissen der Rechtsmedizin bereits am 3. April getötet.«

Die Zeugin schüttelte den Kopf. »Ja, und am 6., also am Freitag, da war sie noch zu Hause. Dann ist das alles ein Irrtum, oder?«

»Vielleicht nur eine verblüffende Ähnlichkeit. Wir melden uns bei Ihnen.« Sabine komplimentierte die Frau hinaus.

»Uff«, machte Katinka.

Sabine verdrehte die Augen und griff zum Telefonhörer. »Findet mir heraus, ob in Halifax, West Yorkshire, eine Sandra Barton gemeldet ist. Und ich will wissen, ob an der Uni derzeit Sprachkurse stattfinden und ob Sandra Barton dafür eingeschrieben war.«

»Du wirst nichts finden. Fanny hat sich diese Geschichte ausgedacht«, sagte Katinka. Alle anderen Möglichkeiten schieden aus. Sogar Doppelgängerin und unbekannter Zwilling.

»Du meinst, Fanny hat sich unter falschem Namen irgendwo eingemietet? Ich weiß nicht, Katinka.« Sabine legte auf. »Wie kriegen wir dann die Aussage der Mutter unter? Hardo besteht darauf, dass Ruth Pessel ihre Tochter identifiziert hat. Das besitzt für ihn Priorität.«

»Apropos Hardo, wo steckt er? Ich habe die Medikamente, die er wollte.«

»Ihm geht's ziemlich mies. Aber er müsste gleich wieder hier sein. Er wollte noch mal mit Ruth Pessel sprechen.«

»Gib ihm die Medizin, okay?«

»Was hast du vor?«

»Sabine, Louis Chatwin soll sich die Tote ansehen. Wenn es nicht Fanny ist, kann er uns die letzten Zweifel nehmen.«

28

Lore Lawitschka erwartete sie. Sie trug ein Basecap über ihren stoppelkurzen Haaren und erinnerte Katinka kurz an Dante.

»Hallo zusammen.« Sie drückte Katinka und Louis die Hand. »Darf ich bitten?«

Louis nickte und trabte hinter der Ärztin her. Katinka verabscheute die gekachelten Wände, den Nachhall ihrer Schritte und das dumpfe Gefühl im Magen, das sie hier ergriff. Eine unerklärliche Angst. Nicht vor etwas Konkretem, sondern kriechend, reptilartig. Eine Furcht, die in jeder ihrer Zellen wohnte und an Orten wie diesem ihren schuppigen Kopf hob.

Was, wenn sie sich täuschten? Wenn Louis gleich zusammenbrechen würde?

Nonsense. Die Tote war nicht Fanny. Ines Leisgangs Bericht und die SMS zusammen waren Beweis genug.

Louis verschränkte die Arme. Schweiß rann an seinen Schläfen herab. Er nickte.

Lore Lawitschka zog das Laken zurück.

Katinka beobachtete Louis. Seine Augen weiteten sich vor Schreck, er wich kaum merklich zurück. In seinem Gesicht spiegelten sich Entsetzen, Abscheu, Bestürzung. Aber auch etwas, das erst wenige Momente später Platz in seinen Zügen fand: Erleichterung.

»Das ist nicht Fanny.« Louis ließ die Hände sinken. »Das ist nicht Fanny.«

»Lassen Sie sich Zeit.« Die Rechtsmedizinerin rückte an ihrem Basecap. »Lassen Sie sich Zeit.«

»Das ist sie nicht. Fanny hat ganz andere Hände. Längere Finger. Viel längere. Andere Nägel.«

»Na, da ist es ja gut, dass die Schweinekerle eine Hand intakt gelassen haben«, murmelte Lore Lawitschka auf Deutsch, wobei sie Katinka ansah, die Augen hochgezogen, die Stirn in Falten.

»Und Fanny hat hier am Schlüsselbein ein Muttermal. Ein ganz schwarzes. Sie hat es letztes Jahr checken lassen, weil sie Angst hatte, es wäre Hautkrebs. Ist es aber nicht. Diese Frau ist nicht Fanny. Oh Gott!« Er wandte sich ab und stürmte zum Waschbecken.

»Puuuuuh«, machte Katinka halblaut, während sie versuchte, die Würgegeräusche auszublenden.

»Somit haben wir ab jetzt zwei Fälle.« Lore Lawitschka deckte die Tote wieder zu. »Armes Mädchen. Anscheinend vermisst sie niemand.«

»Vielleicht doch. Ich muss kurz telefonieren.« Katinka verließ den Seziersaal und hastete die Gänge entlang zum Ausgang. Ihre grauen Zellen gierten nach Frischluft. Sie rief Dante an.

»Wischnewski, die Sensation ist perfekt. Louis sagt, die Tote ist nicht Fanny.«

»Holla, die Waldfee! Warten Sie kurz.« Im Hintergrund tönten laute Stimmen, dann wurde es ruhig. »So ein Großraumbüro ist echt eine Plage. Wer soll sich da konzentrieren?« Dante senkte die Stimme. »Kein Wort zu Bockler.«

»Klar, aber Sie müssen schnell arbeiten. Die Polizei wird sicher bald eine Pressemeldung rausgeben.«

»Können Sie nicht dafür sorgen, dass sie sich etwas Zeit lassen?«

»Morgen muss die Richtigstellung in der Zeitung sein.«

»Womöglich wäre es besser, dem Mörder vorzugaukeln, dass man nach wie vor die falsche Frau für das Opfer hält.«

»Ich werde das Argument in Stellung bringen.«

»Danke verbindlichst!« Dante legte auf.

29

Larissa kratzte das Hundefutter in den Napf für Sepp. Die Büchse warf sie in den Müll. Normalerweise wusch sie sie aus. Damit sie nicht so stank. Aber heute schaffte sie das einfach nicht.

Der Dackel stürzte sich auf seine Mahlzeit. Abwesend streichelte sie ihn. Sie hätte gern einen größeren Hund gehabt, ein richtiges Raubtier, da würde sie sich sicherer fühlen.

Ramzan hielt sich in der Stadt auf. Das konnte nur bedeuten, dass Vasile seine Tentakel bis Bamberg ausgestreckt hatte. Sie war extra hierhergezogen. Als alles vorbei war. Mit dem Hintergedanken, dass Bamberg zu klein war für Dienstleistungen, wie Vasile sie anbot. Doch dessen Expansionstrieb schien keine Grenzen zu kennen.

Sie hatte nicht in Nürnberg bleiben können, nicht nach all dem, was passiert war. Vasile hatte sie zuerst protegiert und später abgestoßen. In der Hoffnung auf ein Zeugenschutzprogramm war sie zur Polizei gegangen. Die Zuständigen hatten vage Zusagen gemacht. Larissa hatte darauf gebaut, in Sicherheit zu sein. Mit neuer Identität. Letztlich konnten nur die Ehe sie retten, ihr Schweigen und ihr Alter. Sie war 33, alt genug, um für Vasile nicht mehr interessant zu sein. Obwohl sie ihre Aussage bei der Polizei widerrufen hatte, wozu ihr ein Anwalt geraten hatte, setzte er anscheinend doch noch Leute auf sie an. Um herausfinden, wo sie sich verkrochen hatte, was sie tat, mit wem sie sich traf. Das würde lange so gehen, bis einige von den Dingen, über die sie sprechen könnte, verjährt waren.

Peter durfte keinesfalls etwas mitkriegen. Sie hatte neu angefangen, als Ehefrau, als ganz normale Ausländerin in Deutschland, die es durch Heirat geschafft hatte, bleiben zu können. Sie musste jetzt durchhalten. Sie hatte einen Mann, eine Wohnung, ein Haustier. Sie verfügte über Haushaltsgeld und Papiere. Peter war wohlhabend, obwohl er mit dem Geld nicht unbedingt um sich warf. Das neue Auto und die Aussicht auf ein Haus am Stadtrand … Das alles durfte sie nicht verderben.

Sepp schnüffelte an ihren Händen. Sie hockte immer noch neben dem Hund.

»Schon gut, Kleiner. Wir sind ein gutes Team, was?«

Sepp leckte ihr die Hand.

»Nichts gibt's mehr für dich. Du wirst mir zu dick.«

Sie ging gern mit ihm Gassi. Bewegung lag ihr, und sie mochte es, ihre neue Umgebung zu erkunden. Aber seit gestern wagte sie kaum, das Haus zu verlassen. Sie hatte heute Morgen nicht einmal die Rollos aufgezogen. Peter war früh zur Arbeit gegangen. Sie hoffte, dass er von ihrer Unruhe nichts merkte.

Ramzan.

Ramzan, die rechte Hand. Die treue Seele. Der traumatisierte Irre. Das Monster im Blaumann. Du verfluchtes Stück Dreck.

Larissa spülte den Hundenapf aus.

Das verfluchte Stück Dreck. Das war sie.

Sie sollte nachsehen, aus welchem Haus er gekommen war. Sie erkannte solche Wohnungen sofort. Hatte Erfahrung darin, hinter die Fassaden zu schauen, die für die deutschen Anwohner ganz normal aussahen, wie alle anderen.

Für Sepp war so ein Lauf am späten Nachmittag eine schöne Sache. Sie holte die Leine. Der Dackel hüpfte aufgeregt um ihre Füße.

»Komm!«

Sie zog die Jacke an, griff nach dem Schlüssel. Als sie vors Haus trat, sah sie sich nach allen Richtungen um. Die Sonne schien, doch der Wind war frostig. Sie schlang die Arme um sich. Es war ja nicht weit. Nur ein paar Straßen.

In der Habergasse bekam sie Platzangst. Zwei Leute könnten ihr ohne Probleme den Weg verstellen, einer vorne, der andere hinten. Es passierte nichts.

Es ist vorbei, dachte Larissa. Sie bemühte sich um ein Lächeln; hatte das Gefühl, die Passanten starrten sie irritiert an. Dabei war sie nur eine junge Frau, die ihren Hund ausführte. Eine junge Frau in Jeans und einer Lederjacke. Einer sehr schönen Lederjacke, die Peter ihr zur Hochzeit geschenkt hatte.

Sepp genoss den Spaziergang. Sie überquerten die Lange Straße – bei Grün, das hatte Peter ihr eingeschärft, selbst wenn kein Auto weit und breit zu sehen war – und wandten sich nach links. Larissa spürte ihr Herz hämmern. Es rebellierte. Seit damals eine typische Reaktion; sie las genug, um Bescheid zu wissen, Traumata suchten sich eben körperliche Wege. Die Dinge waren nicht wegzudiskutieren, das Leid nicht, die Not nicht, die praktische Seite ihrer Ehe mit Peter nicht, die sie durchhalten würde. Allein war sie zu schwach, um es mit dem aufzunehmen, was da draußen auf sie wartete.

In der Austraße spazierten die Studenten von ihren Vorlesungen kommend nach Hause oder saßen in den Cafés, die meisten in bunte Decken gehüllt, das machten sie hier gerne, saßen in der Kälte, anstatt sich in einen geheizten Raum zu verziehen. Larissa würde das nie machen. Sepp zog an der Leine, irgendein Duft lockte ihn.

»Ist ja gut, Sepp«, murmelte sie und nahm die Leine kürzer. »Bei Fuß.«

Er gehorchte, aber sie sah ihm die Aufregung über neue Gerüche an. Sein Kopf zuckte hin und her, er schnupperte in alle Richtungen.

So viele Menschen! Manche fuhren mit dem Rad durch die Menge, klingelten sich den Weg frei. Viele mit lächelndem, entschuldigendem Gesicht, andere mit wütend verzogener Grimasse. Larissa konnte die Mimik der Menschen immer noch nicht korrekt deuten. Es schien, als ob ihr Gespür für die Emotionen anderer durch all diese Dinge früher kaputtgegangen wäre. Diese Dinge, die Vasile von ihr verlangt hatte. Und die anderen Männer.

Hier hatte der Wagen gestanden. Ganz sicher hatte

Ramzan am Steuer gesessen. Larissa blickte sich um. Vergnügtes Gelächter der Spaziergänger, fröhliche Rufe, Fahrradklingeln, der Verkehr, der einen Bogen um die kleine Straße machte, aber nah genug verlief, sodass Hupen und Bremsen deutlich zu hören waren. Ein früher Abend in einer kleinen Stadt.

Larissa blieb vor dem Haus stehen.

Vor nicht allzu langer Zeit hatte Vasile die Devise ausgegeben, die Namen von Fußballspielern auf die Klingelschilder zu schreiben. Das waren welche, die überall vorkamen, und man besaß immer einen reichen Fundus, wenn einem gerade kein neuer Name einfiel. Die Leute in solchen Mietshäusern zogen oft um. Studenten-WGs reihum, da herrschte Fluktuation, und niemand wunderte sich über neue Bewohner und unbekannte Besucher. Larissas Zeigefinger wanderte über die Namensschilder. Im dritten und zweiten Stock versiffte, vielmals überklebte Papierfetzen. Je drei Nachnamen. Alles ausländische. Handgeschrieben.

Der Name auf der Klingel zum ersten Stock war ganz neu auf ein festes Plastikschild gedruckt worden.

Götze.

Es war nur so ein Gefühl. Aus dem Bauch heraus, diesen deutschen Ausdruck hatte Peter ihr vor Kurzem beigebracht. Irgendwas fühlen, nicht sagen können, was, keine Benennung finden, trotzdem spüren, etwas stimmt nicht.

Unvermittelt wurde die Tür aufgerissen. Larissa fuhr zurück. Ein Mann stand vor ihr. Baumlang. Blond. Mit Bart.

»Hi!« Er grinste.

»Hi. Ich suche … ich möchte zu Frau Götze.«

»Die ist, glaub ich jedenfalls, noch nicht eingezogen.« Der Mann wandte sich den Klingelschildern zu. »Ich wusste ehrlich gesagt gar nicht, wie sie heißt. Renoviert hat sie schon.«

»Sie selbst?«, fragte Larissa und staunte über ihren Mut. Normalerweise sprach sie nicht mit Unbekannten. Ihr ganzer Körper stand unter Strom. Sie wollte laufen. Weglaufen. Ab in die kühle Aprilluft.

»Nee, keine Ahnung, ich habe sie noch nie gesehen, weiß gar nicht, wie sie aussieht. Ich wohne erst seit drei Wochen hier. Da kam so ein Typ, der hat renoviert. Sah aus wie ein Arbeiter, vielleicht war's auch ihr Freund?«

»Ihr Freund?«

»Was weiß ich.« Der Mann drängte sich an ihr vorbei. »Also dann, ich hab's eilig.«

»Entschuldigung.« Rasch trat Larissa einen Schritt zurück.

Sepp machte leise »Wuff«, als sie einen Fuß in den Türspalt stellte.

Der Blonde drehte sich nicht um. Larissa schlüpfte ins Haus.

»Psst, Sepp«, wisperte sie. Schon stand sie im ersten Stock. Lehnte den Kopf an die Tür.

Was wird hier geschehen? Immer wieder dasselbe Spiel, nicht wahr? Drei Männer klingeln, und du musst öffnen, im Pelzmantel mit nichts drunter. Sie bieten dir Champagner an und nehmen dir den Mantel ab. Sie haben allerhand Spielzeug dabei, das sie mit dir ausprobieren wollen. Sie …

Larissa schluckte hart. Nicht daran denken. Es war vorbei.

Aber für Vasile nicht. Und genauso wenig für die anderen Frauen. Der Nachschub floss unbegrenzt.

Von plötzlicher Müdigkeit fast ausgeknockt, stieß sich Larissa von der Tür ab. Stutzte. Der Geruch.

So ein chemischer, stechender Geruch. Der sogar die frische Farbe übertünchte.

Sie hätte diesen Geruch unter Millionen Gerüchen erkannt. Ihr Herz setzte einen Schlag aus.

Also war es wieder passiert.

30

»Los!« Katinka rannte schon zum Auto.

»Was machen wir jetzt?« Louis wollte zum Fahrersitz.

»Andere Seite!«

»Fuck. Das ist echt doof, dass ihr rechts fahrt.«

»Ich finde, *ihr* solltet rechts fahren.« Grinsend ließ Katinka den Motor an. »Wir müssen zu Ruth.«

»Ich werde Sie beauftragen, Fanny zu finden.«

»So einfach ist das nicht. Ruth war die Erste.« Katinka hatte sie bereits angerufen, aber nur die Mailbox erreicht.

Louis fuhr sich übers Gesicht. »Wie kam sie dazu zu behaupten, die Tote wäre Fanny? Sie kann sich nicht getäuscht haben. Unmöglich. Das musste sie sofort sehen.

Mein Gott, wie die die Frau zugerichtet haben! Wer macht so was?«

»Das ist die Frage. Ich habe mir den Kopf darüber zerbrochen. Großer Hass könnte ein Motiv sein. Extreme Enttäuschung über jemanden, den man mal geliebt hat. Oder der Täter stand unter Drogen. Solchen, die aggressiv machen. Chrystal Meth etwa.«

»Haben Sie so eine Leiche schon mal gesehen? Eine ohne Gesicht?«

»Bisher nicht. Kam ganz gut ohne aus.«

Sie schwiegen eine Weile, bis Katinka auf die Autobahn abbog.

»Ich bin so erleichtert«, sagte Louis schließlich. »Ich konnte nicht glauben, dass Fanny tot sein sollte, wissen Sie? Es schien mir so unwirklich.«

»Das sagen die Angehörigen immer.«

»Ich weiß. Ich sehe Filme. Ich lese. Beschäftige mich mit solchen Extremsituationen. Aber im eigenen Leben fühlt es sich surreal an. Wie wenn ich selbst in einem Film wäre. Als wenn ich davon ausgehe, dass die ganze Sache nur ein extrem guter Fake ist. Jetzt weiß ich nicht, wie ich mich fühle. Irgendwie panisch, obwohl doch alles gut ist.«

»Sie glauben also, dass Ruth 100-prozentig sicher gewesen sein muss, nicht Fanny vor sich zu haben, sondern eine andere Frau?«

»Natürlich!«

»Von den Fotos her, die ich von Fanny gesehen habe, war das nicht zu erkennen. Weder ich noch die Kripo hatten Anlass zu glauben, dass sie nicht die Wahrheit sagt.«

»Es passt zu Ruth.«

»Inwiefern?«

»Sie ... sie ist kompliziert.«

»Das sind wir alle.«

»Nicht so. Sie ist sehr besitzergreifend. Sie kann Fanny nicht in Ruhe lassen. Ständig liegt sie ihr in den Ohren, dass wir nicht zueinanderpassen und dass ich nicht verlässlich bin. Wäre ich in Deutschland gewesen, als diese Frau umgebracht wurde ...« Er lehnte das Gesicht ans Fenster.

»Dann?«

»Sie hätte sofort behauptet, dass ich es war.«

»Meine Güte!« Katinka überholte einen Lkw. »Dass Schwiegersöhne und Schwiegermütter nicht immer miteinander können, hört man ja. Aber jemanden gleich für einen Mord verantwortlich zu machen ...«

»Sind Sie verheiratet?«

»In einer Beziehung.«

»Und die Schwiegermutter?«

»Ist schon lange tot.«

»Oh. Gut.«

Katinka lachte auf. »Mit Schwiegertöchtern soll es weit prekärer sein.«

»Ruth hatte ein schweres Leben. Sie war schwanger mit 17. In der Schule war sie nie ein großes Licht, deshalb ging sie früher ab. Während der Schwangerschaft wurde sie volljährig und verließ ihre Eltern. Sie bekam Fanny und ging arbeiten. Als Helferin in einer Arztpraxis, soweit ich weiß. Da war sie die unterste Angestellte in der Hierarchie. Fanny wurde von einer Zugehfrau betreut. Sie müssen zu Anfang so gut wie kaum Geld gehabt haben. Das war extrem hart für Ruth.«

»Waren die Eltern denn gegen den Vater?«

»Der spielte nie eine Rolle. Fanny weiß bis heute nicht, wer er ist.«

»Ach du Schande.«

»Er könnte tot sein oder in der Nachbarschaft wohnen. Keiner weiß das.«

»Außer Ruth.«

»Aber die lässt nichts raus.«

»Hat der Vater sich nicht interessiert? Was war der Grund für die Trennung?«

»Das ist jetzt echt nur meine Meinung, Frau Palfy: Was Fannys Vergangenheit und insbesondere Ruths Leben betrifft, tappen wir beide, Fanny und ich, ziemlich im Dunkeln. Ich glaube, dass es irgendein Zerwürfnis gab zwischen beiden. Etwas, das Ruth nicht verzeihen konnte.«

Katinka trat aufs Gas. Endlich war die Geschwindigkeitsbeschränkung aufgehoben. Sie hatte Lore Lawitschka gebeten, ihren und Louis' Besuch für zwei Stunden zu vergessen, ehe sie Hardo anrief. Bis dahin mussten sie mit Ruth Pessel gesprochen haben. »Was könnte so schlimm sein, dass man es nach über 20 Jahren noch nachträgt?«

»Irgendwie hat sie halt einen Knacks!« Louis rang die Hände. »Sie sieht überall Feinde. Sie glaubt, alle sind gegen sie, und nur Fanny kann mit ihr gemeinsam ein Bollwerk gegen die Welt da draußen bauen. Die Reise nach Deutschland, die Kreuzfahrt … sie hat ihre Pläne Fanny regelrecht aufgedrängt! Ich habe Fanny sogar zugeredet. Sie war deprimiert wegen des verlorenen Jobs. Hatte nichts zu tun. Ein paar Bewerbungen laufen, aber es sieht nicht so aus, als würde in absehbarer Zeit etwas daraus. Also habe ich Fanny ermutigt: Fahr nach Deutschland. In drei

Wochen bist du zurück, falls das super duper Jobangebot kommt, rufe ich dich an und du fliegst früher heim. Da war sie beruhigt.«

»Fanny ist widerwillig mit?«

Louis zog sein Smartphone aus der Tasche.

»Hier: *Alles okay bei dir? Irgendwie kann ich mich mit der momentanen Situation nicht anfreunden. Mom spinnt jetzt komplett, weiß nicht, wie ich reagieren werde. Vielleicht ist es mal Zeit, dass ich mir darüber klar werde. LOVE. Fanny.* Kam am 1. April. April Fools' Day. Trotzdem ernst gemeint. Schätze ich.«

»*Mom spinnt jetzt komplett*? Himmel, Louis, wieso fällt mir das jetzt erst auf?«

»Was denn?«

Katinka setzte erneut den Blinker.

»Das sagt aus, dass eine Sache eskaliert ist. Zuerst spinnt sie, dann spinnt sie komplett. Es gibt eine Steigerung, kriegen Sie das in Ihren Kopf?«

Louis hielt sich am Armaturenbrett fest. »Nicht so schnell!«

»Die linke Spur ist frei.«

»Da vorn fährt einer raus!«

»Den schnupfe ich mir! Worüber will Fanny sich klar werden?« Katinka gab Lichthupe. »Da hat sich doch was angebahnt!«

»Bloß was? Dass Ruth selbst … Nein! Sagen Sie, dass das nicht wahr ist!«

Dass Ruth ihre Tochter selbst umbringen wollte?, dachte Katinka. Laut Hardo hatte sie ein Alibi. Und was, wenn Lore Lawitschka sich nur um eine Stunde getäuscht hatte, den Todeszeitpunkt betreffend? Unwahrscheinlich, okay, aber womöglich hatte der Mörder – die Mörderin – die Leiche für ein paar Stunden gekühlt. Allerdings war die Tote nicht Fanny. Also war die Idee nichts wert.

»Was, wenn sie einen Auftragsmörder ...«, begann Katinka. Sie biss sich auf die Zunge.

»Ruth?«

»Halten Sie das für möglich? Der sich dann in der Zielperson getäuscht hat?«

»Sie ist zu allem fähig. Aber Fanny zu töten? Um Gottes willen!« Louis schüttelte entschlossen den Kopf. »Sie will sie für sich haben. Nur für sich. Für den Rest ihres Lebens und darüber hinaus.«

»Worüber wollte Fanny sich klar werden?«

»Ich weiß nicht.«

»Über einiges, schrieb sie!« Katinka schrie fast. »Da muss Ihnen doch wenigstens *eine* mögliche Sache einfallen!«

Louis barg sein Gesicht in den Händen. Die Rastalocken baumelten lustlos an seinen Armen herab.

»Absolutely no idea.«

»Lügen Sie mich nicht an. Irgendwas klingelt bei Ihnen! Und Aufträge von Lügnern lehne ich ab.«

»Da hätten Sie Ruths schon gar nicht annehmen dürfen«, kam es dumpf von rechts. »Ich jedenfalls lüge nicht.«

»Okay. Die Regel gilt genau ab jetzt.«

Louis ließ die Hände sinken. »Das ist alles irre. Ich weiß wirklich nicht genau, worauf Fanny sich damit bezieht.«

»Warum haben Sie ihr nicht geantwortet?«

»Klingt jetzt lahm: Die Message kam in Australien nachts an, in der Nacht auf Montag, und da bin ich immer ziemlich kaputt. Außerdem muss ich an Wochentagen früh raus.«

»Geben Sie sich jedes Wochenende die Kante?«

»Quatsch! Ich spiele Banjo in einem Pub. Mit ein paar Musikerkumpels.«

»Jedes Wochenende?«

»So gut wie.«

»Was sagte Fanny dazu?«

»Sie kommt mit! Was denken Sie denn? Dass sie zu Hause bleibt und fernsieht?« Er lachte verdutzt. »Die Mädels von den anderen sind auch dabei. Wir machen Musik, schwofen, trinken, reden, leben. Macht man das in Deutschland nicht?«

Ich nicht, dachte Katinka. Zu kaputt, zu fertig, und Hardo geht es genauso. Deshalb reichen vier Buchstaben für mein Wochenendprogramm: Sofa. Leben wir eigentlich?

»Ruth behauptet, Sie würden Drogen nehmen.«

»Ich kiffe ab und zu.«

»Es stimmt also?«

»Was ist schon dabei? Marihuana ist harmloser als Schnaps. Verdammt, wir lassen einen Joint rumgehen. Einen!«

»Kifft Fanny auch?«

»Ab und an. Sie nimmt höchstens einen Zug. Trinkt auch kaum Alkohol. Höchstens ab und zu ein Glas Wein.«

»Ruth macht geltend, Sie würden zu Gewalt neigen. Sie hätten Fanny seelisch im Schwitzkasten.«

Er seufzte. »Ich hätte mir denken können, dass sie Lügen verbreitet.«

»Was meinen Sie damit? Sie sind aggressiv gegenüber Fanny?«

»Oh Mann!« Er schüttelte den Kopf. »Mach ich mich jetzt mit jeder Silbe verdächtig? Ich bin nicht gewalttätig, schon gar nicht meiner Frau gegenüber, die ich verdammt noch mal über alles liebe.«

»Das sagen die Männer immer, wenn sie ihre Frauen schlagen.«

»Ich schlage meine Frau nicht!« Er lief rot an.

Katinka machte einen heftigen Schlenker. Beinahe hätte sie die Ausfahrt verpasst.

»Okay. Glaube ich Ihnen.«

»Da bin ich ja froh.« Er klammerte sich am Türgriff fest.

»Das klang sarkastisch.«

Er schwieg.

»Sauer?« Katinka fädelte sich in den zähen Stadtverkehr. Später Nachmittag. Eine schlechte Zeit, um mit dem Auto in einer eng gebauten Stadt wie Bamberg schnell voranzukommen.

»Ich denke nach.« Er räusperte sich. »Also. Ich bin in einer beschissenen Situation. Ausländer, kann die Sprache nicht, kenne hier keine Menschenseele, habe einen Schock zu verarbeiten, eigentlich zwei. Erst ist Fanny tot, dann lebt sie. Gleichzeitig ist sie nicht aufzufinden, und ich weiß nicht mal, ob Sie mir helfen, sie zu finden. Zu allem Überfluss ist da Ruth mit ihren Lügen und ihrer geistigen Verwirrtheit. Anders kann ich das nicht nennen. Sie steigert sich in den Gedanken rein, dass ich gegen Fanny arbeite. Aber *sie* will Fanny für sich. Das ist der Punkt.«

»Um auf Ihre Zweifel einzugehen«, sagte Katinka, »ich übernehme den Auftrag. Dazu erzählen Sie mir jetzt bitte alles in Kurzfassung, was uns helfen könnte, Ihre Frau zu finden. Insbesondere alles, was Fanny über die Beziehung zu ihrer Mutter sagen würde.«

»Frau Palfy?«

»Ja?«

»Wo ist sie? Was denken Sie?«

»Fanny?«

»Natürlich Fanny.«

»Was, wenn sie zurück nach Australien geflogen ist? Laut Ines Leisgang, bei der Fanny anscheinend unter falschem Namen gewohnt hat, ist sie am 6.4. abends noch in der Wohnung gewesen. Am 7. nachmittags fand Ines den Abschiedsgruß auf dem Zettel.« Katinka rieb sich das Genick. Den ganzen Tag war es für ihren Geschmack zu kühl gewesen, nun kam die Sonne raus und grillte sie und Louis. Sie ließ das Fenster herunter.

»Klar, sie könnte am Samstag zurückgeflogen sein und längst zu Hause!« Louis schlug sich an die Stirn.

»Hätte sie sich dann nicht bei Ihnen gemeldet?«

Louis ließ die Hände sinken. Sein Durchhaltevermögen schien wegzubrechen. Kein Wunder, dachte Katinka. Ein ständiger Wechsel zwischen Hoffnung und dem nächsten Schlag in den Nacken. Das hält keine Psyche lange aus.

31

»Tut mir leid, Frau Pessel ist heute Morgen abgereist.« Der Rezeptionist machte ein Gesicht, als habe er in eine Zitrone gebissen.

»Was?« Louis sah von Katinka zu dem Mann und zurück. »Sie ist weg?«

»Ja, abgereist«, übersetzte Katinka. Sie wandte sich dem Rezeptionisten zu. »Wann genau?«

»Heute Morgen. Die exakte Uhrzeit weiß ich nicht.«

»Los, finden Sie es raus!« Katinka hatte im Lauf ihrer Tätigkeit als Detektivin längst spitzgekriegt, dass Höflichkeit selten zum Ziel führte.

»Das …«

Sie legte ihren Ermittlerausweis auf die Theke.

»Na gut, ich könnte … wenn sie mit Kreditkarte bezahlt hat, muss die Abrechnung …«, murmelte er und tippte auf seinem Computer herum.

Louis verdrehte die Augen.

»Sie hat um 7.30 Uhr ausgecheckt.«

»Bei welchem Mitarbeiter?«

»Die Kollegin heißt Sabrina Wasmeier.«

»Kontaktdaten?«

Er spulte eine Nummer ab. Katinka tippte sie direkt in ihr Handy.

»Wasmeier?«

»Katinka Palfy hier, private Ermittlungen. Heute Morgen ist Ruth Pessel aus dem Hotel Residenzschloss abgereist.«

»Ich …«

»Es geht um den Mord an ihrer Tochter.«

»Was?« Es klickte in der Leitung, dann klang Sabrina Wasmeiers Stimme näher. »Etwa die Frau, von der sie in der Zeitung geschrieben haben?«

»So ist es. In welchem Zustand war Frau Pessel heute Morgen?«

»Ich … sie war immer sehr reserviert. An der Grenze zur Unfreundlichkeit. Kurz angebunden.«

»Das war heute nicht anders?«

»Sie wirkte … hektisch. Guckte immerzu auf ihre Uhr.«

»Haben Sie ein Taxi für sie bestellt?«

»Nein.«

»Danke.« Katinka legte auf und marschierte auf den Ausgang zu. Louis hastete hinterher.

»Wir brauchen die Polizei«, erklärte sie ihm, als sie über den sonnenbeschienenen Innenhof liefen.

»Heißt das, Sie ermitteln nicht?«

»Doch. Ich suche Fanny. Aber wenn Ruth außer Landes will, muss man versuchen, sie aufzuhalten. Es ist ohnehin schon spät. Sie kann jetzt locker in einem Flugzeug sitzen.«

Louis packte Katinka am Arm. »Glauben Sie, sie hat diese Frau getötet?«

Katinka schüttelte ihn ab. Er machte sie rappelig. Sie brauchte jetzt all ihre Konzentrationsfähigkeit, um sich die nächsten Schritte zurechtzulegen.

»Nein. Ich glaube das nicht. Vielleicht hat sie irgendwas anderes geplant, und das ist schiefgegangen.«

Und zwar gründlich, schob sie in Gedanken hinzu, während sie Hardos Nummer wählte.

32

Hardo ließ sich stöhnend auf einem von Katinkas Küchenstühlen nieder.

»Du siehst wirklich krank aus«, sagte sie mit einem Blick auf sein gerötetes Gesicht.

»Kann sein.« Er winkte ab.

»Deine Stimme klingt wie ein rostiges Sägeblatt.«

»Danke für das Kompliment!«

»Ich war noch nicht mit dem guten Zureden fertig.«

»Hast du ein Bier im Kühlschrank, oder soll ich bei mir drüben nachschauen?«

»Zwergla?«

»Her damit.«

»Als Biersuppe?«

»Vergiss es.« Hardo griff nach der Flasche. Ihre Hände berührten sich kurz. Seine waren heiß.

»Du hast Fieber.«

»Spielt das eine Rolle? Wir haben einen brutalen Mord an der Backe. Einen, der sehr professionell vertuscht worden wäre, wenn nicht die beiden Techniker vom Rundfunk ausgerechnet in jener Nacht einem dringenden Bedürfnis gefolgt wären. Wir haben zwei verschwundene Frauen. Einmal Fanny und dann das unbekannte Mordopfer. Übrigens lässt Kerschensteiner ausrichten, dass es eine Sandra Barton aus West Yorkshire nicht gibt.«

»Hab ich mir gedacht. Habt ihr die Hotels abgeklappert?«

»Der Punkt ist: Ruth Pessel geht als Deutsche durch, vom Namen her und sprachlich sowieso. Da wird man im Hotel keine Papiere von ihr verlangen. Sie kann einen falschen Namen angeben und ist erst mal unter dem Radar. Und Fanny …« Er hustete.

»Fanny hatte die Nase voll von dieser Schiffsreise. Beim Landgang in Bamberg machte sie sich vom Acker. Entweder hat sie sich darauf vorbereitet oder spontan gehandelt. Ein Schnellschuss. Manchmal tun Menschen so was.«

»Wenn sie freiwillig abgetaucht ist, muss es etwas mit ihrer Mutter zu tun haben.«

»Louis bringt vor, Ruth sei extrem dominant und ließe kein gutes Haar an ihm. Ruth will Fanny für sich, handelt immer noch, als wäre ihre Tochter ein Kleinkind und sie selbst gerade vom Vater des Kindes verlassen worden.«

»So was ist eine traumatische Erfahrung, Katinka.«

Katinka seufzte. »Nicht, dass ich das in Abrede stellen möchte, aber seither ist ein Vierteljahrhundert vergangen. Fanny ist Mitte 20 und steht voll im Leben. In ihrem eigenen.«

»Sie aalt sich nicht unbedingt auf der Sonnenseite. Arbeitslos. Zerrieben zwischen Mutter und Ehemann.«

»Du meinst, das kann einem schon mal zu viel werden?«

Hardo nickte, ausgiebig hustend.

Katinka öffnete eine Bierflasche für sich selbst und nahm einen großen Schluck. »Sie scheint jedenfalls sehr entschlossen zu sein, erst einmal nicht wieder aufzutauchen. Mittlerweile ist sie seit einer ganzen Woche abgängig.«

»Wir haben die Flugdaten gecheckt. Das ganze Wochenende über ist keine Fanny Chatwin auf einen Flug Richtung Australien gebucht gewesen. Genauso wenig eine Ruth Pessel.«

»Wenn Fanny woanders hingeflogen ist?«

»Du kannst leicht mit dem Fernbus nach Prag und von dort abheben. Oder von Warschau oder wer weiß wo. Unsere Anfragen laufen. Aber ich habe das Gefühl, die beiden Frauen sind noch in Deutschland. Oder sogar in Bamberg oder Umgebung.«

»Was macht dich so sicher?«

»Wenigstens Fanny hätte sich bei ihrem Mann gemeldet. Hätte signalisiert, dass sie heimkommt. Oder hätte, einmal zu Hause angekommen, festgestellt, dass er abgängig ist, und daraufhin bei ihm angerufen. Zumal Louis sagte, er hätte seine Kollegen und die Schulleitung über den Grund seiner Reise informiert. In Melbourne haben die beiden ihr Leben, ihre Freunde. Sie hätte sich bei irgendjemandem gemeldet und so wäre die Information an Louis weitergetragen worden. Zumal er seine Kollegen über seine überstürzte Abreise in Kenntnis gesetzt hat.«

Katinka musste ihm recht geben. »Was aber bedeutet Fannys Schweigen? Wollte sie Louis verlassen? Das passt nicht zu den SMS, die sie ihm geschrieben hat, bevor auch ihr deutsches Handy ausgeschaltet war.«

Hardo wischte sich die Schweißperlen von der Stirn. »In solchen Fällen: Schau auf die Not!«

»Heißt?«, fragte Katinka, doch während Hardos Antwort in einem Hustenanfall unterging, spürte sie auch so, worauf er hinauswollte. Wenn Menschen absurd handelten, fand sich eine Antwort in dem, was sie durchmachten. Ruth hatte das Trauma des Sitzengelassenwerdens nicht verarbeitet. Fanny fühlte sich untergebuttert und zu schwach, der Abhängigkeit zu entkommen.

»Ruth redet Fanny unermüdlich ein, dass Louis nicht gut genug für sie ist. Wird das nicht abfärben? Irgendeinen Zweifel hinterlassen?«

»Mag sein.« Hardo stellte die Flasche weg. Er sah grau und ausgelaugt aus. »Ich lege mich schlafen.«

»Warte! Was ist mit der Richtigstellung morgen in der Zeitung?«

»Wir haben uns entschlossen, noch zu warten.«

»Umso besser für …«

»Zwei Gründe: Erstens soll der Mörder der unbekannten jungen Frau glauben, wir gründeln in den Verhältnissen einer anderen Person, und sich in Sicherheit wiegen.«

»Wie weit seid ihr da eigentlich?«

»Fast eine Woche nach dem Mord?« Hardo schüttelte nur den Kopf. »Die Spuren sind längst so kalt wie Froschlaich.«

»Fingerabdrücke, Reifenspuren …«

»Wir arbeiten dran. Zweitens haben wir den Eindruck, dass Fanny freiwillig abgetaucht ist. Wir können nur hoffen, dass sie mitbekommen hat, dass sie offiziell nicht mehr lebt. Wahrscheinlich kein sehr angenehmer Zustand, den sie sicher aufklären möchte.«

»Denk an den Totenschein – man muss das rückgängig machen!«

»Läuft.« Hardo war bereits zur Tür draußen.

Schau auf die Not, dachte Katinka, als das Schloss leise klackte. Heißt in diesem Fall was?

Entschlossen schnappte sie sich ihren Schlüsselbund und marschierte einen Stock höher.

33

»Welch netter Besuch!«

Katinka drängte sich an Dante vorbei. »Morgen wird noch keine Richtigstellung in der Zeitung sein. Man will warten, die Mörder in Sicherheit wiegen.«

»Gut!« Dante schloss die Tür hinter Katinka. »Louis und ich trinken gerade einen Rotwein zusammen, aber Sie sind ja wieder beim Bamberger Nationalgetränk.«

Katinka schwenkte die halb leere Bierflasche. »Nur zum Vorglühen.« Sie betrat das Wohnzimmer. »Hallo, Louis.«

»Hi.« Der Gruß klang matt und kraftlos.

»Setzen Sie sich, Frau Palfy!« Dante wuselte umher. »Auch ein Glas Rotwein? Ich meine, später?«

»Vielleicht.« Sie erklärte den beiden Männern, was sie mit Hardo besprochen hatte.

»Was tun Sie jetzt, um Fanny zu finden?«, wollte Louis wissen.

»Ich checke durch, wer in Bamberg auf Couchsurfing oder airbnb Betten anbietet. Die Stationen klappere ich ab.«

»Und Ruth?« Dante ließ sich neben Katinka auf dem Sofa nieder.

»Ich brauche Ihre Hilfe, Louis. Warum meldet Fanny sich nicht bei Ihnen? Wenn unsere Theorie stimmt, dass sie vor Ruth davongelaufen ist, nicht vor Ihnen?«

»Moment!« Dante hob die Hand. »Wann haben Sie denn diese Idee ausbaldowert?«

»Es ist das Einleuchtendste.« Katinka musste ihre Ungeduld zähmen. »Dass Fanny die Flatter gemacht hat, um der Diktatur ihrer Mutter zu entkommen, passt außerdem zu den Messages, die sie Louis geschickt hat. Warum sind Sie beide so aus dem Thema raus? Haben Sie den ganzen Abend über Fußball geredet?«

»Über Hockey«, antwortete Dante. »War ein Scherz. Ich gehe in den Keller und schaue nach Wein.«

Katinka verdrehte die Augen. Dante hatte vor ein paar Wochen angefangen, seinen Kelleranteil zu einer veritablen Vorratskammer auszubauen, und bunkerte außer Wein Konserven, Marmeladen, Eingemachtes. »Erwarten Sie immer noch einen Atomangriff?«

Dante winkte ab und ging.

»Ich komme damit nicht zurecht.« Louis sah Katinka an. »Wenn es Fanny gut geht – wieso meldet sie sich nicht bei mir? Ich schicke ihr mehrmals am Tag SMS auf ihr australisches Handy.«

»Das scheint sie entsorgt zu haben.«

»Aber warum?«

»Weil sie die Flucht vor ihrer Mutter angetreten hat. Die Nähe auf einem Schiff kann einem schnell auf den Geist gehen, und …«

Dante stürmte ins Zimmer, schnaufend wie ein Dampfer. »Ich bin eben einem der Studenten aus dem Erdgeschoss über den Weg gelaufen. Samuel. Der erzählt mir, dass heute eine Frau zu Ihnen wollte, Frau Palfy. Sie stand auf der Straße und drückte ein paar Mal auf den Klingelknopf. Er wies sie darauf hin, dass sie durch den Innenhof zum Haus gehen müsste, weil die Klingeln an der Straße tot sind.«

»Und?« Wie elektrisiert sah Katinka Dante an. Irgendwo tief drin im Kopf setzte sie »Klingeln reparieren lassen« auf die Liste der am Haus zu erledigenden Arbeiten.

»Sie bedankte sich und ging weg. Ziemlich eilig, sagt Samuel.«

»Alter?«

»Es könnte Ruth gewesen sein. Aber keinesfalls Fanny.«

»Uhrzeit?«

»Gegen 4.00 Uhr heute Nachmittag.«

»Internet, Wischnewski!« Katinka sprang auf. »Louis, wie heißt die Klinik, in der Ruth arbeitet?«

»Melbourne Scientific Hospital.«

»Verdammt, wo ist Ihr Tablet, Wischnewski?«

Er trug einen meterhohen Stapel Zeitungen ab und fischte das Gerät darunter hervor. »Hier.«

Katinka tippte Melbourne Scientific Hospital in die Suchmaske. Die Website baute sich auf. Sofort suchte sie unter »Who we are«.

»Schönes Foto. Ein klein wenig virtuelles Botox, doch ganz eindeutig unsere Frau. Ruth Pessel, executive assistant.« Katinka drehte das Tablet um und hielt es Dante unter die Nase. »Los, fragen Sie Samuel, ob sie das war.«

Dante rannte davon. Die Atmosphäre im Zimmer knisterte. Katinka sah sich um. Dante hatte bei der Renovierung wirklich ganze Arbeit geleistet. Und das meiste an Material selber bezahlt. Die in hellem Rot gestrichenen Wände passten zu dem nussbraunen Parkett, die Möbel sahen neu aus, stammten jedoch aus dem Bestand einer Kollegin, die ins Ausland gezogen war. Katinka kannte die Geschichten hinter den Dingen, da Dante sie allzu gern und häufig beschrieb. »Die Wohnung ist wirklich schön«, murmelte sie, mehr zu sich selbst.

Louis starrte sie verständnislos an, als Dante auch schon zurückkam.

»Es war Ruth!«, keuchte er aufgeregt.

»Hat Samuel das bestätigt?«

»100-prozentig.«

»Also ist sie noch in Bamberg.« Triumphierend boxte Katinka gegen die Wand. »Und wisst ihr was, Jungs? Die Dame ist gewieft. Sie wird wohl auf dieselbe Idee gekommen sein wie wir.«

»Welche Idee?«

»Dass Fanny vor *ihr* davongelaufen ist.«

»Manchmal sieht man nicht besonders klar, wenn man die Ursache für die Probleme anderer ist«, gab Dante zu bedenken.

Katinka winkte ab. »Selbst wenn sie sich die Misere nicht bewusst macht, spüren wird sie sie allemal.«

»Nicht unbedingt. Menschen können sich alles schönreden.«

»Warum wollte sie zu mir? Um mir zu sagen, dass die Tote doch nicht Fanny ist?«

Louis stöhnte laut auf. »Ich halte das nicht aus. Wenn Ruth ihr Gift nur lange genug in Fannys Kopf gepumpt hat – am Ende glaubt sie wirklich, dass ich die Inkarnation des Bösen bin.« Er griff nach der Weinflasche und schenkte sich nach.

Katinka musterte ihn einen Augenblick. Er wirkte nicht wie jemand, der gewalttätig wurde. Eher wie eine Schlaftablette. Oder eben sehr relaxed. Ein Mann, der keinen Stress wollte und es sich verkneifen konnte, andere in Unruhe zu versetzen. Einer, der nicht unbedingt für seine Überzeugungen kämpfte, sondern lieber einen Joint rauchte. Eigentlich liebenswerte Eigenschaften, dachte Katinka. Nur im Moment nicht hilfreich. In der aktuellen Misere blieb ihm keine andere Möglichkeit, als zu kämpfen. Wie sie es sah, wollte er das zwar – aber er scheute die Anstrengung.

34

Es ging leicht. Peter erfreute sich eines gesunden Tiefschlafes, und sogar Sepp, mit seinen kurzen Beinen galoppierend, schlief tief und fest. Larissa trug Jeans und Boots, eine Kappe auf dem blondierten Haar, das am Ansatz schon dunkel nachwuchs. Sie setzte eine Sonnenbrille auf, trotz der Dunkelheit; den Elektroschocker steckte sie in die Tasche ihres Parkas. Es war mild draußen, aber sie würde nicht auffallen. Sie hatte längst bemerkt, dass alles Psychologie war. Sie musste nur das perfekte Bild der coolen Nachtschwärmerin abgeben. Dank des Parkas wirkte sie kräftiger, und die dicken Boots sorgten für Trittsicherheit. Weder Ramzan noch Vasile noch einer ihrer Leute hatte sie je so gesehen.

Leise zog Larissa die Tür hinter sich zu. Für den unwahrscheinlichen Fall, dass Peter aufwachen würde, hatte sie ihm einen Zettel hinterlassen. Bin auf einem Spaziergang. Er wusste um ihre Schlafprobleme und würde keinen Verdacht schöpfen. Wenn sie erst mal in das neue Haus im Babenberger Viertel gezogen waren, könnte sie ihre Wanderungen in die Natur ausdehnen. Sepp würde die neue Umgebung am Stadtrand gefallen.

Als sie auf die Gasse trat, sah sie sich vorsichtig um. Niemand zu sehen. Aus der Bar weiter vorne drang verhaltene Musik. Montagabend war nicht der bevorzugte Zeitpunkt, um Kneipen abzuklappern.

Sie kannte Vasiles Geschäftsverständnis. Dass in der Wohnung noch kein Parteienverkehr herrscht, war unwahrscheinlich. Er würde nicht Miete für ein Objekt zahlen, das ihm an einem einzigen Abend nicht den doppelten Gegenwert seines monatlichen Investments lieferte. Sie wusste, dass er mittlerweile Frauen aus Flüchtlingsheimen rekrutierte. Sie verschwanden einfach, tauchten unter, waren nicht mehr auffindbar. Sie wurden verbraucht, bis sie irgendwann verschlissen zurück an die Oberfläche trieben. Oder nie mehr. Obwohl sie warm angezogen war, fröstelte Larissa.

Aus dem griechischen Restaurant an der Ecke war kein Laut mehr zu hören. Sie hastete vorbei. Als sie die Lange Straße erreichte, zwang sie sich, langsamer zu gehen. Sie tat, als besähe sie sich die Auslagen der Geschäfte. Ein Optiker, ein Reisebüro. Sie überquerte die Straße. Den Klamottenladen dort mochte sie gern, aber die Sachen waren für ihre Verhältnisse megateuer, und sie wollte auf keinen Fall Peter wegen Kleidung anpumpen. Oder wegen einer Handtasche.

Die Austraße lag keineswegs so still da, wie gedacht. Etliche Nachtschwärmer waren auf dem Weg zu neuen

Abenteuern. Liebespaare, die sich endlich entscheiden mussten, wohin sie die Nacht treiben würde. Larissa fiel nicht auf. Die Hände in den Taschen des Parkas vergraben, spazierte sie die Straße entlang. Warf einen Blick auf das Haus.

Götze.

Im ersten Stock war Licht. Gedämpftes warmes Licht, das durch herabgezogene Rollos schien. Eine kalte Hand glitt über Larissas Rücken. Sie ging weiter, sah über die Schulter zurück. Kehrte um.

Wahrscheinlich war schon etwas in Gang. Sie kannte ein paar Tricks, bekam die Tür auf und ging die Stufen hoch.

Vasile hatte darauf geachtet, dass seine Wohnungen im Erdgeschoss lagen oder allenfalls eine Treppe höher. Damit die Gäste ungesehen kommen und gehen konnten. Larissa verzog das Gesicht. Am Anfang war einer von Vasiles Getreuen in der Wohnung gewesen. In einem Zimmer, allein. Er hatte zu überprüfen, was los war. Ob die Frau *sich machte*. Diesen Ausdruck benutzte Vasile gern. Wenn du *dich machst*, kriegst du mehr Geld und kannst deine Schulden bei mir schneller abbezahlen. Schulden, die nie weniger wurden. Der Getreue bekam alles mit. Larissa wollte nicht wissen, wie oft er sich im Lauf einer solchen Nacht einen runterholte. In ihrem Fall hatte der Getreue nicht viel zu tun gehabt, er hatte nach drei Nächten die Fliege gemacht. Die Rückmeldungen der Kunden waren positiv, sodass Vasile ihr vertraute. Eine gute Frau. Sie hatte alles gemacht. Sich mit auf dem Rücken gefesselten Händen den Männern dargeboten. Ihr schmerzten die Brüste, wenn sie daran dachte. Peter hatte die Narben gesehen, aber nichts gefragt. Sie wusste nicht, ob sie jemals schwanger würde. Und wenn, ob sie ein Baby stillen könnte. Wahrscheinlich nicht. Dazu waren die Verletzungen zu schlimm gewesen.

Larissa stand nun vor der Tür. Sie lehnte den Kopf dagegen. Sie konnte nichts tun. Sie würde gehen müssen. Oder warten. Sie setzte sich auf die Treppe. Wenn jemand kam, würde sie sagen, sie wartete auf eine Freundin.

Es kam niemand. Nach einer Stunde wollte sie aufstehen und gehen, als sie die Klingel hörte. Sie fuhr hoch, lief die paar Stufen ins nächste Stockwerk. Verharrte bewegungslos.

Drei Männer kamen die Stufen herauf. Sie spürte ihre angespannte, überdrehte Erregung. Zwei von ihnen machten Witze, halblaut in sich hineinlachend. Larissa rann der Schweiß den Rücken hinunter. Ihre Muskeln zuckten. Ihr Körper stellte die Weichen auf Flucht. Sie würde nicht runterrennen. Nicht jetzt.

Die Tür öffnete sich. »Meine Herren, willkommen.« Die Stimme einer Frau, die schon geübt war. Zwar keine alte Häsin, aber eine, die lange genug dabei war, ohne bisher all ihre Kraft verschlissen zu haben.

Larissa beugte sich vor. Alles, was sie sah, waren lange Beine in Seidenstrümpfen, die knapp unter dem Saum eines Pelzes endeten. Das Erkennungszeichen von Vasiles Frauen.

Einer der Männer räusperte sich. »Alina, nehme ich an?«

Larissa verzog die Lippen. Eine Frau arbeitete nie unter ihrem eigenen Namen. Nicht in der Branche. Einen anderen Namen zu verwenden, war der einzige Schutz, den nicht einmal Vasile wegnehmen konnte.

»Genau, mein Lieber. Und dies sind deine Angestellten, denen du heute eine schöne Zeit bieten möchtest?«

Die Männer kicherten wie Schuljungen. Die Atmosphäre knisterte. Sie waren alle mehr als bereit.

»Darauf freuen wir uns seit Tagen, was, Jungs?«

»Kommt rein. Möchte einer von euch sich überzeugen, dass alles läuft wie gebucht?« Die Frau trat beiseite. Larissa sah ihre bestrumpften Beine nicht mehr. »Dann mal los!«

Der Test. Trägt sie wirklich keinen Slip? Meistens musste der Mann, der am untersten Level des Rudels stand, den Test machen, und rutschte dabei zumindest für ein paar Stunden in der Hierarchie nach oben. Larissa presste die Beine zusammen.

Das Licht im Treppenhaus ging aus. Unten fiel ein schmales Lichtdreieck auf den Treppenabsatz, während die Männer die Wohnung betraten. Larissa wartete eine Weile, bis sie sich aus dem Treppenhaus tastete und auf die Straße trat. Ihr Herz hämmerte.

10.4.2018

35

Katinka stand in ihrer Küche am Fenster. Sie hatte vor Jahren, nachdem man ihr vor der eigenen Haustür aufgelauert hatte, eine Videoüberwachung einbauen lassen, die den ganzen Innenhof abdeckte, allerdings nicht die Straße. Ruth war in keiner der Aufzeichnungen zu sehen. Sie war also nach Samuels hilfreichem Hinweis nicht zurückgekehrt. War ihr der Mut abhandengekommen?

Katinka köpfte noch eine Flasche Bier. Schau auf die Not. Irgendwann würde Ruth ihre Tochter so sehr vermissen, dass sie sich zeigen musste. Sie konnte nicht tagelang in einem Hotel sitzen und die Wände anstarren. Genauso wenig wie Louis, der zumindest in Dante einen empathischen Ansprechpartner gefunden hatte. Ruth hingegen war allein. Einsamkeit befeuerte die Not.

Irgendetwas Kleines, Schwarzes flitzte über das Kopfsteinpflaster. Die Ratten waren in dieser Straße überall. Zu nah am Fluss standen die Häuser, die Nager fanden mehr als genügend Schlupfwinkel. »Rattenfalle besorgen«, notierte Katinka im Geist. Sie knipste die kleine Lampe auf dem Tisch an, griff nach ihrer Jacke und ging hinunter in den Hof. Mit einem KLACK schaltete die Laterne sich an und tauchte den Hof in gelbes Licht. Ein marodes Ensemble aus alten Steinen, Mülltonnen, schief hängenden Briefkästen, Fahrrädern. Katinka liebte das abgerissene Ambiente. Es strahlte Leben aus. So begeistert sie sich am Anfang ihrer Tätigkeit als Hauseigentümerin in die Renovierungsarbeiten gestürzt hatte, so aufmerksam nahm sie nun all das wahr, was Geschichten erzählte und nicht erneuert werden wollte. Wie dieser Innenhof, dessen unregelmäßiges Kopfsteinpflaster im Sinne des Bauamtes wahrscheinlich als Risiko einzustufen war.

Die Nacht war angenehm mild, hatte einen Klecks Frühling in die Stadt getupft, der in wenigen Stunden von einem frostigen Wind schon wieder weggepustet werden konnte. Sie setzte sich auf die Biotonne und trank ihr Bier. Die Geräusche der Stadt drangen gedämpft herbei, eine Nacht zwischen Montag und Dienstag hatte wenig zu bieten. Katinka saß ganz still. Die vom Bewegungsmelder ausgelöste Lampe ging aus. Nun wirkte der warme Lichtschein in ihrer Küche gemütlich und einladend. In den anderen Wohnungen hatte die Dunkelheit Einzug gehalten. Die Leute schliefen. Katinka fühlte sich überwach. Sie trank von ihrem Bier.

Alles okay bei dir? Irgendwie kann ich mich mit der momentanen Situation nicht anfreunden. Mom spinnt jetzt komplett, weiß nicht, wie ich reagieren werde. Vielleicht ist es mal Zeit, dass ich mir darüber klar werde. LOVE. Fanny.

Diese SMS klang nicht wie ein Notfall. Höchstens ein wenig genervt. Fanny wollte sich über etwas klar werden, was schon lange auf der Agenda stand. Da ging es nicht um Rattenfallen oder kaputte Klingeln. Sondern um das Verhältnis zu ihrer Mutter. Katinka hatte selbst nicht das beste Verhältnis zu ihren Eltern. Die beiden hatten sich vor langen Jahren getrennt und lebten ihre Leben, ohne sich noch füreinander zu interessieren, wobei Katinkas Schwester Melissa einen etwas tieferen Einblick in die Beziehung zwischen Mutter und Vater hatte. Katinka kam mit ihrem Vater besser zurecht, was vermutlich daran lag, dass er ab und zu anrief und von sich erzählte, während ihre Mutter auf den Kanaren lebte und im Großen und Ganzen das Interesse an ihren Töchtern verloren hatte. Gerade jetzt spürte Katinka, dass es wehtat. Nicht sehr. Nur ein wenig. Als wäre man vor einer gefühlten Ewigkeit abserviert worden und hätte die emotionale Bruchlandung beinahe vergessen. Katinka hatte noch nie das Bedürfnis verspürt, als Priorität behandelt zu werden. Selbst was Hardo anbelangte, nicht. Sie war zufrieden mit der Art, wie die Dinge in ihrem Privatleben liefen.

Weiß nicht, wie ich reagieren werde.

Fanny hatte reagiert. Nur einen Tag nach dieser Kurznachricht. Sie war davongelaufen. Hatte Abstand zwischen sich und alle anderen Menschen gebracht. Um nachzudenken? Klarheit zu gewinnen? Warum war sie überhaupt in Bamberg geblieben? Konnte sie nicht ahnen, dass auch ihre Mutter die Reise abbrechen würde?

»Das ist es, was mir nicht gefällt«, flüsterte Katinka in die Düsternis.

Als Antwort raschelte es hinter den Tonnen. Sie beschloss, sich nicht umzudrehen.

Dann war die Bierflasche leer. Sie würde nach oben gehen. Morgen war auch noch ein Tag.

Aber die Nacht war eben besonders. Nicht nur diese. Nächte allgemein. Manche Dinge sortierten sich in den Nächten wie von selbst. Unerwartet und ohne viel Zutun vonseiten der Beteiligten. Katinka zögerte. Von der Straße hörte sie Schritte näherkommen. Bewegungslos blieb sie sitzen.

Jemand kam in den Innenhof. Der Bewegungsmelder ließ die Lampe angehen.

Ruth Pessel ging spornstreichs auf die Haustür zu, strauchelte auf dem Pflaster. Lautlos glitt Katinka von der Tonne. Sie hielt sich im Schatten, während Ruth die Klingelknöpfe musterte.

»'n Abend.«

Ruth Pessel fuhr herum.

»Um Gottes willen! Haben Sie mich erschreckt!«

»Pssst.« Katinka legte den Finger auf die Lippen. »Schlafenszeit.«

36

Katinka zog die Vorhänge zu. »Bier? Wein?«
»Bier.«
Katinka brachte zwei Flaschen. »Was führt Sie zu mir?«
Ruth griff nach dem Bier. Sie nahm einen großen Schluck. »Das Bier ist in Deutschland einfach besser.«
»In Franken.«
»Wenn Sie meinen …«
»Nein. Es ist so. Manche Dinge sind, wie sie sind.«
»Wahrscheinlich haben Sie recht.«
»Also. Warum haben Sie die Tote falsch identifiziert?«
Ruths Augen weiteten sich. »Woher wissen Sie …?«
»Das tut nichts zur Sache. Ich weiß es. Die Polizei weiß es. Man sucht Sie.«
Ruth wurde blass.
»Das wird Sie nicht wirklich überraschen. Solche Dinge lassen sich nicht sehr lange geheim halten. Vermutlich haben Sie deshalb fluchtartig das Hotel verlassen.« Katinka rührte ihr Bier nicht an. Sie wusste, dass sie falsch lag. Ganz sicher gab es eine Dunkelziffer von Menschen, die als andere beerdigt wurden, und diese Irrtümer wurden niemals aufgeklärt. Wie auch immer, sie musste Ruth Pessel die Pistole auf die Brust setzen. Dies war der Moment, und Ruth schien bereit dafür. Andernfalls wäre sie nicht gekommen. Mitten in der Nacht.
»Ich war so geschockt, als ich die Tote sah. Ich konnte mich kaum beherrschen. Es kostete mich alle Kraft. Zuerst war ich mir nicht sicher. Das Gesicht … sie hatte ja kein

Gesicht mehr. In meiner Klinik habe ich ab und zu Leichen gesehen, aber das waren Menschen mit Augen, Nase, Mund … Sie verstehen. Viele davon sahen zwar nicht aus, als seien sie über ihr Ableben besonders erfreut, aber zumindest hat man sich angemessen um sie gekümmert. Bei der jungen Frau … diese Gewalt … diese brutale Gewalt! Das war ganz anders. Ich habe …«

»Sie haben noch nie so etwas gesehen. Ich übrigens auch nicht. Ich musste mich selbst zusammenreißen. Trotzdem habe ich Ihnen geglaubt, dass es sich um Ihre Tochter handelt. Und hier komme ich nicht mehr mit. Sie müssen mehr als erleichtert gewesen sein!«

»War ich auch. War ich. Zugleich fühlte ich mich innerlich wie abgestorben. Ich dachte, Fanny ist tot. Plötzlich sehe ich diese Frau mit dem zerschmetterten Gesicht. Zuerst weiß ich gar nicht, vielleicht ist es ja Fanny. Das Haar … es hätte Fanny sein können. Aber als ich ihre Hände sah … Das waren nicht Fannys Hände. Also eigentlich konnte ich das nur an einer Hand feststellen, die andere … Wer tut so was?«

»Ich dagegen frage mich, welche Mutter eine fremde Leiche absichtlich als ihre Tochter identifiziert. Sie müssen sich doch schnell erholt haben von Ihrem Schrecken – in dem Moment, als Sie merkten, es ist nicht Fanny.«

»Ja. Ich …«

»Sie müssen eine enorme Erleichterung verspürt haben. So schlimm der Anblick war! Die Freude darüber, dass es sich nicht um ihre Tochter handelte, musste sich irgendwann durchsetzen. Nicht erst drei Stunden, nachdem Sie aus der Rechtsmedizin wieder raus waren, sondern allerspätestens drei Minuten nach dem ersten Blick auf die Leiche.«

Ruth trank einen Schluck. »Die Erlösung kam. Wie eine Flutwelle. Als ich die eine Hand sah. Sie müssen mir glauben, dass ich wirklich nach wie vor keine Ahnung habe, wo Fanny steckt.«

»Wie haben Sie sich das vorgestellt? Wollten Sie die Tote als Fanny Chatwin nach Melbourne überführen lassen?«

»Natürlich nicht. Ich habe nur in diesen dramatischen Augenblicken über solche Dinge nicht nachgedacht. Weiß man denn … wer die Tote ist?«

»Dank Ihrer Falschaussage sind die Spuren eiskalt. Jetzt noch an die Mörder ranzukommen, erfordert eine Menge Geduld, technische Expertise, Glück.«

»Es tut mir leid …«

»Erzählen Sie mir was über die Reise.«

»Was wollen Sie hören?«

»Wie fühlten Sie sich auf dem Schiff? Sie haben mit Fanny eine Kabine geteilt, nehme ich an.«

Ruth lehnte sich zurück. Das Haar, sonst akkurat frisiert, stand strähnig von ihrem Kopf ab. Der Pulli hatte einen Fleck direkt über der linken Brust. Katinka ahnte, dass Ruth Pessel im Ausnahmezustand war.

»Fanny fühlte sich unwohl, richtig?«

»Wir genossen die Kreuzfahrt.«

»*Sie* genossen. *Sie* wollten diese Reise. Fanny wollte sie nicht.«

»Das stimmt nicht.«

»Fanny hat sich breitschlagen lassen, nach Europa zu fahren, weil sie Sie nicht enttäuschen wollte.«

»Ich habe die Reise bezahlt.«

»Was sagt das schon aus. Fanny ist Berufsanfängerin, Sie sind seit Langem im Geschäft. Natürlich war nicht zu erwarten, dass Fanny Sie zu so einer Kreuzfahrt einlädt.«

»Aber …«

»Fanny fühlte sich unbehaglich, deshalb nehme ich an, sie wollte Abstand zwischen sich und ihre Mutter bringen. Korrigieren Sie mich, wenn ich falsch liege.«

Ruth Pessel schwieg. Endlich nahm auch Katinka einen Schluck aus der Bierflasche.

»Was ist zwischen Ihnen und Fanny vorgefallen, Frau Pessel?«

»Ich … es ging um Louis. Wenn wir stritten, dann immer nur wegen Louis.«

»Sie halten Louis für den Falschen.«

»Er ist … unzuverlässig; ich traue ihm nicht über den Weg.«

»Haben Sie das Ihrer Tochter vor der Hochzeit gesagt?«

»Selbstverständlich. Ich halte mit meiner Meinung nicht hinter dem Berg.«

»Dennoch hat Fanny Louis geheiratet.«

»Er hat sie … überredet.« Ruth schnaubte. »Zuerst dachte ich, sie wäre schwanger, in dem Fall hätte ich nicht so sehr opponiert, aus eigener leidvoller Erfahrung. Sie haben ja keine Vorstellung, wie das ist, sitzen gelassen zu werden mit einem Bauch so groß wie zehn Wassermelonen.«

»Jedenfalls rechtfertigt diese alte Erfahrung nicht, eine Tote falsch zu identifizieren. Die Polizei und mich auf eine Spur zu führen, die in einer Sackgasse enden musste. Das war Ihnen doch klar!«

»Sicher war mir das relativ bald klar.« Ruth wurde laut. »Ich kam bloß nicht mehr raus aus dem Ganzen.«

»Sind Sie deswegen gestern Hals über Kopf aus dem Hotel weg?«

»Das Residenzschloss wurde mir zu teuer.«

»Sie müssen zur Polizei und die Wahrheit auf den Tisch legen.«

»Das werde ich. Aber wo ist Fanny?«

»Ich weiß es nicht. Und ich habe beinahe den Eindruck, sie möchte nicht gefunden werden. Zumindest nicht von ihrer Mutter«, fügte Katinka hinzu. Sie spürte die Grausamkeit in ihren Worten, doch zugleich hatte sie das Bedürfnis, Ruth Pessel viel härter in die Mangel zu nehmen. Anders würde sie nicht zum Grund vorstoßen können. Dorthin, wo die Ursache für das ganze Drama verborgen war.

»Sie ist … sie ist nicht vor *mir* weggelaufen.«

»Sondern?«

»Vor …«

»Halt!« Katinka hob die Hand. »Sagen Sie mir nicht, sie wäre vor Louis getürmt.«

Ruth starrte Katinka mit offenem Mund an. Ihr Make-up, sonst mit aller Gründlichkeit aufgetragen, machte zu dieser Nachtstunde keinen allzu gepflegten Eindruck mehr. Die Wimperntusche hatte sich in den Fältchen um Ruths Augen festgesetzt. Die Frau wirkte grau und abgewirtschaftet. Wie mein Innenhof, dachte Katinka, nur ohne den dazugehörigen Charme. Häuser haben es leichter als Menschen.

»Vor wem sonst?«

»Vor Ihnen!«

»Das ist Nonsens. Das haben wir so nicht …«

»Das haben Sie was nicht?«

Ruth sah weg.

»Frau Pessel?«

Ruths Blick klebte an der Bücherwand. Sie reagierte nicht.

»Sie haben *was* nicht?«, wiederholte Katinka.

Ruth stand auf.

»Danke für das Bier. Ich muss sagen, ich erwarte mir keinerlei Hilfe mehr von Ihnen. Bemühen Sie sich nicht länger in dieser Angelegenheit.« Die Wohnungstür fiel ins Schloss.

Katinka war Ruth auf den Fersen, ehe sie den Innenhof verließ, und folgte ihr den Stefansberg hinauf, wo sie am Störenkeller links abbog und die schmale Gasse Richtung Regnitz hinunterging. Sie sah sich mehrmals um, bevor sie einen Schlüssel hervorzog und sich in eines der geduckten Häuser auf der rechten Seite einließ. Freilich ohne Katinka zu bemerken, die sich in einen Hauseingang zurückgezogen hatte.

Kaum hörte Katinka das Türschloss schnappen, huschte sie näher.

Ferienwohnung.

Aha, dachte Katinka. Lassen wir sie ein paar Stunden schlafen. Und dann wird sie gegrillt.

37

Am Dienstagmorgen, um 7.00 Uhr kam Hardo zu ihr in die Wohnung. Sie hatte bei sich übernachtet, um ihn spät nachts, als sie endlich ins Bett ging, nicht zu wecken. Seine Stimme klang weniger rau als am Abend zuvor.

»Katinka, Michael Rath hat angerufen. Falls du in der Nähe bist, würdest du kurz im Antiquariat reinschauen und den Band mitnehmen, den er mir bestellt hat?«

»Ist das heiß ersehnte Werk schon da? Das ging ja flott.«

»Er hat gerade angerufen.«

»Wie geht's dir?«

»Ging schon mal besser.«

»Ich weiß, wo Ruth steckt.«

Hardo deutete auf die Kaffeemaschine. »Sag das noch mal.«

»Sie war gestern Nacht hier.« Katinka setzte die Maschine in Betrieb. »Ihr findet sie in einer Ferienwohnung.« Sie sagte die Adresse auf.

»Gute Arbeit.«

»Manchmal hilft es, dass die Leute unter Druck stehen. Dann platzen sie schier aus ihrer Haut.« Katinka goss Kaffee in zwei Becher.

»Und du? Hinter Fanny her?«

»Mir wird nichts anderes übrig bleiben, als alle privaten und halbprivaten Betten abzuklappern.« Sie nahm einen tiefen Schluck.

Genauso verlief der Vormittag. In ihrem Büro erstellte sie mithilfe diverser Internetplattformen ein Bild der Adressen in Bamberg, die Zimmer vermieteten. Die Liste war zu lang, um sie alleine abzuklappern, es sei denn, sie wollte mehrere Tage lang nichts anderes tun. Wenigstens konnte sie die zur Zeit als frei gemeldeten Quartiere ausschließen. Das allerdings waren nicht viele. Also grenzte sie ihren Suchradius auf die Postleitzahlenbezirke 96047 und 96049 ein, da sie annahm, Fanny würde lieber in der Innenstadt oder Altstadt übernachten als weiter außerhalb. Seufzend blickte Katinka auf die eng bedruckt vor ihr liegenden Blätter. Sie musste sich ranhalten, wenn sie heute möglichst weit kommen wollte. Wenigstens passte das Wetter. Sonne, ein warmer Wind. Richtig frühlingshaft.

Als sie die Tür absperrte, trat jemand an sie heran.

»Sind Sie die Detektivin?«

»Ja?«

Eine blonde Frau mit Kappe auf dem Kopf und einem Dackel an der Leine stand vor ihr. Der Dackel erkundete aufgeregt schnüffelnd die Gerüche der Hasengasse. Von denen es ausreichend gab. Manchmal war sogar eine menschliche Nase imstande, sie wahrzunehmen. Viel zu oft sogar.

»Ich habe eine Frage. Ob Sie wohl … es geht um einen Fall, dessentwegen ich nicht zur Polizei möchte.«

»Um was handelt es sich denn genau?« Katinka schob die Liste mit den Adressen in ihren Rucksack. Sie wollte dringend loslegen.

»Um eine Wohnung. Ich muss herausfinden, was da läuft.«

»Eine Wohnung?«

»Hier gleich um die Ecke. Ich glaube, da findet etwas Illegales statt.«

Katinka schloss ihr Rad auf. »Wissen Sie was? Könnten Sie gegen Abend noch einmal wiederkommen? Ich habe es leider gerade sehr eilig.«

Der Gesichtsausdruck der Frau wandelte sich von angespannt zu gereizt. »Es wäre aber sehr wichtig.«

Sie sprach gut Deutsch, dennoch hörte Katinka einen leichten Akzent heraus, den sie nicht einordnen konnte.

»Geben Sie mir Ihre Handynummer, ich rufe Sie an, sobald ich kann.«

Die Frau zuckte zurück. »Nein. Ich melde mich lieber selbst.«

»In Ordnung. Ich bin abends hier.« Sie schwang sich aufs Rad. »Bis später!«

38

Sie klapperte zunächst das Inselgebiet ab, um sich ihre Energie für die bergige Altstadt für später aufzusparen. Mit dem Rad kam sie schnell von Adresse zu Adresse, aber nicht immer war jemand anwesend, und die Leute gaben nur sehr widerwillig Auskunft. Sie musste die Gastgeber erst beruhigen. Nein, sie käme weder von der Stadt

Bamberg noch von irgendeinem Amt, das etwas gegen die Vermietung von Zimmern oder Wohnungen haben könnte. Es ginge ihr wirklich nur darum, eine junge Frau zu finden, die vermutlich unter anderem Namen Quartier genommen habe.

»Das beste Erkennungsmerkmal ist ihr gutes Deutsch, das sie allerdings mit englischem Akzent spricht«, wiederholte Katinka ein ums andere Mal, was Ines Leisgang zu Protokoll gegeben hatte, und zeigte das Foto von Fanny auf ihrem Handy vor.

Niemand kannte sie. Auf der Liste häuften sich die Minuszeichen genauso wie die Fehlzeichen bei den Adressen, wo sie niemanden angetroffen hatte. Viele Wege würde sie ein zweites Mal abschreiten müssen. Das würde eine mühselige Sache werden.

Bevor sie sich gegen 12.00 Uhr aufmachte, die Anschriften auf der anderen Regnitzseite abzusuchen, radelte sie im Antiquariat von Michael Rath vorbei. Aus der Bäckerei nebenan duftete es nach Vanille und Apfelkuchen. Ihr knurrte der Magen.

Der Antiquar sah von einem altmodischen Laptop auf. »Katinka! Hat Hardo dich geschickt, um das Buch abzuholen?«

»Hat er.«

»Er meinte, er käme heute bestimmt nicht in die Innenstadt. Obwohl er da wohnt. Sozusagen.«

»Er hat zu tun.« Ich übrigens auch, fügte sie im Stillen hinzu.

»Dieser Mord?«

»Allerdings.« Katinka sah Rath zu, der in irgendwelchen Schachteln zu wühlen begann.

»Schlimm. So eine junge Frau!«

»Das ist wohl wahr.«

»Die Welt wird immer brutaler. Schon fangen die Leute an zu reden, es sei ein Ausländer gewesen. Weil der Mord so grausam war. Ein Kurde, Iraker, Syrer … die Feindseligkeiten hören nie auf, Katinka.«

»Wo hast du denn diese Gerüchte gehört?«

»Ich komme viel rum, wie du weißt.« Rath richtete sich auf, ein dünnes Bändchen in der Hand. »Hier. Ich habe mich mächtig ins Zeug gelegt, um an diese Erstausgabe ranzukommen.«

»Hardo meinte, eine Menge Privathaushalte werden aufgelöst, in denen es den einen oder anderen Schatz zu heben gibt.«

»Trifft zu. Ich verbringe viele Wochenenden im Jahr in Haushalten mit verlassenen Büchern. Die Besitzer sind weitergewandert, die Bücher verwaist. Sag Hardo, er kann später zahlen.«

»In Ordnung.«

»Katinka?«

»Hm?«

Er deutete auf das Foto im Schaufenster. »Heute früh war eine Frau hier. Sie sah der Rainer verdammt ähnlich. Ich dachte zuerst, ich spinne. Aber weil ich bis zwei am Nachmittag eigentlich nie richtig wach bin, konnte ich diese Koinzidenz bisher nicht ausführlich überdenken.«

Katinka starrte ihn an.

»Du hast eine Kundin gehabt, die so aussah wie …«

»Keine Kundin. Ich habe mich falsch ausgedrückt. Sie war beim Bäcker nebenan. Mit einem Rucksack auf dem Rücken. Kurz darauf stand sie vor meinem Schaufenster.

Vielleicht sah sie sich selbst in dem Rainerporträt. Ich räumte gerade Kartons aus und guckte hoch und sah sie. Katinka, ich habe das Bild eures Mordopfers in der Zeitung gesehen. Die Ähnlichkeit war frappierend.«

Wie elektrisiert starrte Katinka ihn an. »Wo ging sie hin? In welche Richtung?«

»Sie stieg in ein Taxi.«

»Ein Taxi?«

»Kannst du kein Deutsch?«

»Ich kann Deutsch.«

»Also. Dann weißt du ja, was ein Taxi ist.«

Katinka blickte auf das Buch in ihrer Hand. Michael Rath konnte sich schnell auf den Schlips getreten fühlen. »Hast du dir zufällig irgendwas von dem Taxi gemerkt? Das Kennzeichen oder die Wagennummer?«

Rath sah Katinka an, als tickte sie nicht richtig. »Sehe ich senil aus?«

Während sie noch nach einer charmanten Antwort suchte, fuhr er fort:

»Nummer 17. Einer von den Wagen, die ihre Nummer riesig groß auf das Fahrzeug schreiben.«

»Perfekt. Ich muss los. Danke, im Namen von Hardo, für das Buch.«

»He, steck das nicht so in deinen Rucksack. Ich gebe dir eine Tüte. Das ist empfindliche Ware.« Er wühlte unter seiner Kasse herum, förderte mehrere Papiertüten und Tesafilm zutage, während Katinka kaum mehr stillstehen konnte, und packte das Buch in mehrere Schichten Papier ein. »Sag bloß, es ist schon nach zwölf? Ich muss los. Zu den Schülern.«

»Schülern?«

»Ich betreue doch diese Schultheaterinszenierung. Brecht natürlich.«

»Toi, toi, toi.« Katinka griff nach dem nun fest verschnürten Buch. »Wiedersehen!«

39

Der Taxifahrer erinnerte sich bestens an die Adresse, zu der er Fanny gebracht hatte. Katinka konnte ihr Glück kaum fassen. Sie radelte los in die Gartenstadt.

Der Distrikt im Osten der Stadt war ihr bis heute fremd. Wahrscheinlich, weil dieser Teil Bambergs vom Zentrum durch Bahnlinie und den vierspurigen Berliner Ring getrennt war, und weil man dort nichts anderes tat, als zu wohnen.

Dem Taxifahrer zufolge wollte Fanny dort eine Freundin besuchen, doch Katinka hatte den Eindruck, diese Version war nur ihre Deckung. Fanny schien von Ort zu Ort zu ziehen. Sie blieb in Bamberg, aber eben in unterschiedlichen Quartieren. Dies ließ auf große Unruhe schließen und verlieh Ruths Behauptung, sie wüsste nicht, wo Fanny sei, Glaubwürdigkeit.

Als Katinka ihr Rad vor einer Bäckerei abstellte, übermannte sie der Hunger. Sie kaufte sich ein Leberkäsbrötchen und setzte sich damit auf eine Bank in der Sonne. Das Haus in der Fichtestraße, das der Fahrer genannt hatte, war ein Einfamilienhaus mit Souterrain. Vermutlich eine Einliegerwohnung. Schnell verdientes Geld mit Touristen, die sich mit einem Schlafplatz außerhalb der berühmten Bamberger Altstadt zufriedengaben. Katinka aß ihr Brötchen. Der Garten wirkte gut gepflegt, Narzissen, Tulpen, gelb und rot. Flieder, der noch immer nicht ganz aufblühen wollte. Glyzinien kletterten am Haus hoch. Auf dem Rasen stand eine Schaukel.

Wenn Katinka Pech hatte, würde Fanny den ganzen Tag zu Hause bleiben. Aber wer würde das schon aushalten bei dem herrlichen Frühlingswetter? Katinka wollte nicht klingeln. Sie fürchtete, Fanny würde mauern. In einem engen Zimmer über etwas sprechen, das einem wehtat, konnten nicht viele. Also besser warten.

Katinka holte sich einen Kaffee und eine Mohnschnecke. Während sie picknickte, rief sie Hardo an.

»Wir haben Ruth durch die Mangel gedreht. Sie ist ein nervliches Wrack. War ziemlich entsetzt, dass wir sie so leicht aufgestöbert haben.«

»Wieder mal jemand, der kein Vertrauen in die deutsche Polizei hat.«

Hardo hustete. »Sie macht geltend, unter Schock zu stehen. Spielt uns vor, in der Toten tatsächlich Fanny erkannt zu haben.«

»Die quicklebendig ihr Quartier gewechselt hat.«

»Du hast sie aufgestöbert?«

»Ich sitze vor einem Reihenhaus in der Gartenstadt und bräune.«

»Und das nennst du arbeiten …«

Katinka lachte. »Wie geht es jetzt mit ihr weiter?«

»Ich nehme an, sie spaziert zu einem Arzt und lässt sich attestieren, im Moment so unter Schock zu stehen, dass sie unfähig ist, mit uns zusammenzuarbeiten. Sie hält die Legende von der hervorragenden Mutter-Tochter-Beziehung aufrecht, Katinka. An Bord des Kreuzfahrtschiffes war alles in schönster Ordnung. Friede, Freude, Eierkuchen. Davon rückt sie nicht ab.«

»Jemand, der sich so an einer Geschichte festkrallt …«

»… bricht irgendwann zusammen und packt aus. Bloß wann?«

»Ihr könnt ihr nicht viel, oder?«

»Was schon! Wenn sie darauf beharrt, in der Rechtsmedizin wirklich Fanny vor sich gesehen zu haben …«

»… habt ihr meine Aussage, dass sie mir gegenüber etwas anderes behauptet hat.«

Hardo hustete erneut. Ausgiebig.

»*Du* solltest mal zum Arzt«, schlug Katinka vor. »Du klingst total fertig.

»Wir sind an dem Mord dran. Ich kann jetzt nicht schlappmachen. Wenn wir noch irgendwas aus den Spuren rausholen wollen, müssen wir uns ranhalten.«

Katinka kniff die Augen zusammen. Jemand kam aus dem Garten, schob ein Fahrrad durchs Gartentor.

»Hardo, ich muss Schluss machen.« Katinka legte auf. Steckte das Handy weg. Schwang sich auf ihr Rad.

Fanny radelte die Straße hinunter und bog nach rechts ab. Katinka folgte in einigem Abstand. Fanny lenkte ihren Drahtesel zum Berliner Ring und folgte dem Radweg nach Süden.

Katinka ließ den Abstand größer werden. Fanny blieb

stehen, zog einen Stadtplan aus der Jackentasche, studierte ihn kurz, bog stadtauswärts ab. Sie kamen am Spaßbad »Bambados« vorbei, am Volksparkstadion und an den ehemaligen amerikanischen Kasernen. Dann überquerten sie die Autobahn. Jetzt lag rechts und links nichts als Wald.

Am Forsthaus Kunigundenruh fiel Katinka so weit zurück, wie sie es gerade noch wagte, um ihr Zielobjekt nicht zu verlieren. Fanny schien sie nicht zu bemerken. Sie folgte einem der schnurgeraden Forstwege, die den Wald wie ein Schachbrettmuster durchzogen. Katinka wusste, wie leicht man sich hier verfuhr, wenn man einige Male von den Nord-Süd- auf die Ost-West-Pfade eingebogen war und alle Kreuzungen gleich aussahen. Nichts als Bäume ringsum.

Fanny radelte immer weiter südwärts. Ab und zu tauchte ein Spaziergänger auf, ein Jogger, ein anderer Radfahrer. Katinka holte auf.

»Fanny Chatwin?«

Fanny geriet ins Trudeln, sprang vom Rad. Der Drahtesel fiel zur Seite. Sie drehte sich um.

Katinka bremste. »Hallo. Tut mir leid, dass ich Sie hier mitten im Nirgendwo stoppe. Ich bin Katinka Palfy, Privatdetektivin.«

Fanny öffnete den Mund – und sagte nichts.

»Wahrscheinlich fühlen Sie sich ziemlich überrumpelt. Ich arbeite im Auftrag Ihres Mannes. Louis. Er ist mittlerweile in Deutschland und sucht Sie!«

»Louis?«

»Genau.« Katinka stieg vom Rad. »Können wir reden?«

Fanny sah sich um. Wenige Meter vor ihnen befand sich die nächste Kreuzung.

»Sie brauchen sich keine Sorgen zu machen. Ich will mich nur mit Ihnen unterhalten!« Katinka lief der Schweiß übers Gesicht. Jetzt, da der Fahrtwind nicht mehr kühlte, schien der Tag heiß und stickig. Der Geruch nach trockenem Holz stieg ihr in die Nase. Mücken umschwirrten sie.

Fanny nickte.

»Wenn Sie nicht gefunden werden wollen, gebe ich Ihrem Mann durch, dass ich Sie nicht aufgestöbert habe. Einverstanden? Das garantiere ich allen Frauen, die Gewalt vonseiten ihrer Männer fürchten.«

»Was?« Fanny zuckte zusammen, als habe Katinka ihr einen Stromstoß versetzt. »Gewalt?«

»Ihre Mutter gibt an, dass Louis gewalttätig ist, Sie psychisch unter Druck setzt.«

»Meine Mutter?«

»Ich muss mich erklären.« Katinka beschloss, Fanny die ganze Geschichte in Kurzform zu präsentieren. »Als Sie vom Schiff verschwanden, hat Ihre Mutter mich beauftragt, Sie zu suchen.«

»Sie hat *was*?«

»Finden Sie das so merkwürdig? Sie ging zur Polizei, gab eine Vermisstenanzeige auf und wandte sich schließlich an mich. Sie nahm wohl an, dass die Polizei nicht genug tat, um nach Ihnen zu fahnden.«

Fanny schluckte. »Entschuldigung.« Sie machte ein paar Schritte und setzte sich auf einen Baumstumpf am Rand des Forstweges.

Katinka ging ihr nach. Die nächsten Minuten waren entscheidend: Fannys Nerven lagen blank. Jetzt war der Moment, in dem sie die ganze Wahrheit über die Kreuzfahrt, ihr Verschwinden und die Beziehung zu Mutter und Ehemann auspacken würde. Jetzt. Später vielleicht nicht mehr.

»Das war gar nicht der Plan«, flüsterte sie nun. »Und Louis ist in Deutschland?«

»Ihre Mutter hat eine tote Frau, die Opfer eines Mordes wurde, und zwar am Tag nach ihrem Abtauchen, als Fanny Chatwin identifiziert.«

»Sie hat …?« Fanny wurde leichenblass.

»Das heißt, dass Sie offiziell tot sind.« Katinka behielt für sich, dass dieser Irrtum längst aufgeklärt war.

Fanny fing an zu lachen. Sie lachte und lachte, bis ihr Tränen aus den Augen kullerten, worauf das Lachen in ein abgehacktes Weinen überging. Katinka wühlte in ihrem Rucksack nach einem Taschentuch. Dann setzte sie sich neben Fanny ins Gras.

40

Larissa kämpfte mit sich. Sie könnte es lassen. Sie könnte mit ihrem neuen Leben fortfahren. Den Wohlstand genießen, die schönen Kleider, die Peter ihr kaufte. Sich aus allem anderen rausnehmen. Womöglich fände sie einen Job, Peter konnte dem Gedanken einiges abgewinnen. Damit sie auch mal rauskam. Ihm ging es nicht ums Geld.

Er verdiente mehr als genug für sie beide. Aber sie hatte keine Bekannten, kam nicht vor die Tür, außer, um Sepp Gassi zu führen.

Also hatte Larissa sich längst gegen die Option, etwas zu unternehmen, entschieden. Bis sie Geräusche in ihrem Kopf hörte. Schrille, grelle Töne, die sie quälten, wenn sie auch nur einen Augenblick allein zu Hause war. Daher ging sie wieder raus und marschierte durch die Stadt, bis ihr die Füße wehtaten und sogar der Dackel müde wurde. Und als sie die Auslagen eines Geschäftes für Gesundheitsschuhe betrachtete, die sie nicht einmal wirklich sah, sondern nur ihr Spiegelbild und das des Hundes, entschied sie, dass sie etwas tun musste.

Die Frau würde natürlich leugnen. Alles ablehnen, was Larissa vorbrachte. Weil sie meinte, einen genialen Job aufgetan zu haben. Sich damit eine goldene Nase zu verdienen. Dass es nur auf Zeit wäre, würde sie argumentieren. Dass es bald vorbei wäre, und dann hätte sie ein sattes finanzielles Polster und könnte studieren oder reisen oder eine Eigentumswohnung kaufen und brauchte sich nie wieder von vor Geilheit feuchten Männerfingern, die wissen wollten, ob sie wirklich kein Höschen trug, zwischen die Beine greifen zu lassen. Wobei das noch harmlos war.

Larissa traf ihre Entscheidung und lief die ganze Strecke zurück. Es war sehr warm, ihr klebte die Zunge am Gaumen, also ging sie in eine Bäckerei und kaufte eine Laugenbrezel und eine Cola. Die Verkäuferin füllte sogar den vor der Tür bereitstehenden Hundenapf auf. Sepp stürzte sich auf das Wasser. Schnell zerrte Larissa den Hund weiter.

Als sie in die Austraße einbog, von der Jesuitenstraße kommend, die die erst vor gut einem Jahr renovierte Martinskirche mit ihrem kühlenden Schatten erfüllte, fröstelte sie. Sie zog den Reißverschluss ihrer Jacke hoch.

Vor dem Haus sah sie sich um. Sie musste vorsichtig sein. Zum Glück trug sie die Kappe. Sie fasste das Haar im Nacken zusammen, stopfte es unter die Krempe.

Klingelte.

Eine müde Stimme schälte sich aus der Gegensprechanlage. »Hallo?«

»Paketdienst.«

Der Summer ging. Larissa trat ein.

Die Frau lehnte in der offenen Tür. Sie trug ausgefranste Jeans, Flipflops und ein T-Shirt mit der Aufschrift »Favorite Number 1«.

»Paketdienst?«, fragte sie. Sie machte einen Schritt zurück, aber Larissa schob sie schon beiseite. Stand in der Wohnung.

»He, ich schreie um Hilfe.«

»Ich bin deine Hilfe.«

»Was?«

»Mach besser die Tür zu. Bist du allein?« Die Frage war überflüssig. Tagsüber waren die Frauen immer allein. Zeit, sich um die blauen Flecken, die Abschürfungen und Striemen zu kümmern. Schmerztabletten, Koks, um runterzukommen und die Energie erneut zu spüren, die einen durchhalten ließ. »Nimmst du was?«

»Wer bist du?« Die Stimme der Frau klang nun ängstlich.

»Ich bin … Tina.« Besser einen Schutzschild aufbauen. Der keiner sein würde, wenn es hart auf hart kam, aber sie könnte sicher besser schlafen, wenn sie wenigstens den Versuch gemacht hatte. »Und du?«

»Tamara.«

»Das ist doch nicht der Name, unter dem du arbeitest?«
Die Frau sah wütend aus.
»Ist egal. Du solltest aufhören. Am besten sofort.«
»Das geht dich nichts an.«
»Ich kenne diese Welt.« Larissa wies auf die Türen, die von dem halbdunklen Flur abgingen. »Bad? Küche? Privatzimmer? Und das für die Arbeit?«
Tamara wurde blass. »Hau ab.«
»Vasile presst dich aus. Mach dir keine falschen Hoffnungen. Deine Schulden wirst du nie zurückzahlen können, dafür sorgt er schon. Du kannst nur aussteigen und möglichst weit weggehen.«
»Zisch ab!« Es sollte zornig klingen, kam aber gleichgültig aus Tamaras Kehle.
Larissa wusste: Sie hatte bereits erkannt, wie es lief. Sie wusste längst, dass die Wirklichkeit gegen sie arbeitete, und es nur noch das Schlupfloch des Alters gab. Wenn Vasile ausrangierte. Entsorgte. Wegwarf, was er nicht mehr anbieten konnte auf dem Markt.
Im Treppenhaus machte jemand Lärm. Etwas Schweres wurde die Stufen hinuntergeschleift, Männerstimmen diskutierten.
»Wer hat dich hergebracht? Wer ist die erste Nacht bei dir geblieben?«
Tamara drehte das Gesicht zur Seite. Larissa sah den Bluterguss.
»Das sollte nicht mehr passieren«, sagte sie leise.
Die Möbelrücker standen jetzt genau vor Tamaras Wohnungstür. Sepp begann leise zu winseln. Larissa griff die Leine fester. Ihre Nackenhaare stellten sich auf. Mit einem Mal kam die Angst zurück. Diese erstickende, alles

infrage stellende Angst. Die Angst, vor der man nicht fortlaufen konnte und gegen die nur Chemie half.

»Ich muss los. Tschüss.«

Sie riss die Wohnungstür auf. Hinter den beiden Männern, die gerade einen Schrank aus der Haustür bugsierten, schlüpfte sie auf die Straße. Einer der beiden war der baumlange Blonde, mit dem sie gestern Nachmittag gesprochen hatte. Sie konnte nicht sagen, ob er sie erkannte. Mit Riesenschritten eilte sie durch die Austraße, Richtung Universität, den Dackel hinter sich herziehend. Sie sah sich nicht um.

Als sie an einem Friseurladen vorbeikam, ging sie hinein. Ob im Moment eine Friseurin frei sei? Sie solle warten. Eine knappe halbe Stunde später wurde sie bedient. Sie ließ sich die blonden Locken streichholzkurz schneiden und in ihrer Naturfarbe tönen. Als sie nach Hause kam, fiel Sepp todmüde auf seine Matte im Schlafzimmer. Larissa zog ihre Jacke aus und stopfte sie in einen Müllsack. Es war mittlerweile sowieso zu warm dafür.

41

Sie gingen nebeneinander her, schoben die Räder. Fanny hatte den ersten Schrecken abgeschüttelt, dennoch bemerkte Katinka an jeder ihrer Gesten, wie verstört sie war. Zu verstört, um zu reden. Also liefen sie einfach weiter, immer geradeaus. Die Sonne wanderte Richtung Westen weiter, die Schatten der Bäume auf dem Weg wurden länger. Katinkas Kehle brannte. Sie sehnte sich nach einem Glas Wasser.

»Wie kam es überhaupt zu der gemeinsamen Urlaubsreise?«, fragte sie schließlich, nachdem Fanny mehrmals angesetzt hatte, etwas zu sagen, um gleich darauf dieses komplizierte Unterfangen wieder aufzugeben. Die ganze Angelegenheit schien zu verworren.

»Meine Mutter hatte die Idee. Sie war seit Jahrzehnten nicht mehr in Deutschland. Einmal, als junges Mädchen, fuhr sie mit ihren Eltern hin. Die Familie ist ausgewandert, als meine Mutter ein Kindergartenkind war. Vielleicht vier. Sie konnte sich nie an das Leben in Deutschland erinnern, aber ihre Eltern hatten Heimweh und leisteten sich ein einziges Mal die weite Reise. Damals waren Flüge noch viel teurer als heute.«

»Und so kam Ruth auf die Idee, mit Ihnen eine Reise in die alte Heimat zu machen?«

»Sie hat mir den Urlaub förmlich aufgedrängt. Allein hatte sie keine Lust. Sie hat nicht viele Freunde, müssen Sie wissen.«

»Warum nicht?«

»Sie arbeitet wie verrückt. Workoholic nennt man das wohl. Was sie selbst so nicht stehen lassen würde. Sie verteidigt ihre Karriere, weil sie ja nicht anders konnte, als zu schuften, um mich durchzubringen.« Die Worte klangen hart. Schläge auf Metall.

»Wo steckt denn Ihr Vater?«

»Den habe ich nie kennengelernt. Er hat meine Mutter verlassen, als sie mit mir schwanger war.«

»Haben Sie je versucht, ihn zu finden?«

»Ich hatte manchmal so einen Gedanken, dass es schön wäre, ihn wenigstens mal kennenzulernen. Aber meine Mutter hält nichts davon.«

»Also haben Sie brav die Finger von der Suche gelassen.«

»Sie klingen wie Louis!« Fannys Stimme zitterte.

»Sagt er auch solche Sachen?«

Fanny nickte.

»Ich nehme an, noch mehr Leute, die von Ihnen und Ihrer Mutter wissen, würden solche Sachen sagen?«

Sie antwortete nicht.

»Ihre Freundinnen zum Beispiel?«

Fanny zuckte die Achseln.

»Wie gefiel es Ihnen auf der ›Emerald Star‹?«

»Das Schiff war klasse. Aber ich bin nicht der Typ, der gerne mit smalltalkenden Leuten auf engem Raum zusammenhockt. Mich interessiert nicht, was andere machen und gut finden. Ich entdecke Sachen lieber für mich.«

»So wie diesen Wald?«

»Ich musste raus. Ich kann nicht immerzu im Haus sitzen. Da werde ich verrückt.«

»Deswegen wechseln Sie so oft die Unterkunft?«

Fanny blieb stehen. »Wie kommen Sie darauf?«

»Ich suche seit einer Woche nach Ihnen. Hätte Sie gern schon früher aufgestöbert. Ihrem Mann Louis hätte das viel Schweiß und Tränen erspart.«

»Wieso?«

»Denken Sie mal nach! Ihre Mutter hat Sie für tot erklärt. Im Anblick einer Leiche, die vom Alter und sogar der Haarfarbe her Sie hätten sein können. Das Gesicht der

Toten war so zerschmettert, dass ein Abgleich mit einem Foto von Ihnen nichts gebracht hätte.«

»Hat sie Louis weisgemacht, ich wäre tot? Wollen Sie das damit sagen?«

»Nein, sie hat es offiziell zu Protokoll gegeben, woraufhin die australische Polizei bei Louis vorstellig wurde, um ihm die traurige Nachricht zu überbringen.«

»O mein Gott!« Fanny blieb stehen. Sie stützte die Ellenbogen auf den Radlenker und barg ihr Gesicht in den Händen. »O mein Gott!«

»Louis ist sofort ins nächste Flugzeug gesprungen.«

»Aber …«

»In seiner Schule hat er sich mit der Begründung abgemeldet, dass Sie in Deutschland gestorben seien.«

Fanny sah hoch. Ihr Gesicht glänzte vor Tränen.

»Natürlich hat in so einem dramatischen Fall jeder Verständnis für einen überstürzten Aufbruch«, fügte Katinka hinzu. Wenn Fanny jetzt nicht mit der Wahrheit herausrückte, würde sie den Druck nicht mehr viel erhöhen können.

»Es war Moms Idee.«

»Was?«

»Dass ich verschwinden soll.«

»Moment.« Katinka klappte den Radständer aus. Ihr taten die Arme weh vom Schieben. »Ihre Mutter *wollte*, dass Sie abtauchen?«

»Auf dem Schiff hat sie mich ständig unter Druck gesetzt. Dass Louis mir nicht gut tut, dass die Arbeitslosigkeit ein Problem wäre, und sie würde mich unterstützen. Mit Louis allerdings, das ginge gar nicht, sie würde nämlich spüren, wie ich unter Louis' Fuchtel stünde. Deshalb gelänge mir gar nichts. So in dem Stil ging das jeden Tag. Eines Tages meinte sie, sie hätte einen Plan geschmiedet, alles wäre ganz leicht. Wir würden Louis testen. Wenn ich von der Bildfläche verschwinde, würde sich herausstellen, ob ich ihm wirklich etwas bedeute. Mom sagte voraus, er würde sich nicht drum scheren, dass ich unauffindbar bin.«

»Und in *den* Plan haben Sie eingewilligt?«

»Vordergründig. Ich hatte nicht die Kraft, mich dagegen zu wehren. Permanent Gegenargumente in Stellung zu bringen. Ich wollte einfach mal meine Ruhe. Deswegen plante ich ein bisschen weiter. Und ein bisschen um.«

»Sie sind freiwillig …?«

»Ich habe so getan, als würde ich mitspielen. Meine Mutter hat vom Schiff aus über airbnb ein Quartier für mich gebucht. Ich hatte ja keine Ahnung, dass sie mich nachher vermisst meldet und eine Detektivin engagiert! Das passt doch gar nicht zusammen!«

»Im Gegenteil.« Katinka ließ die Schultern kreisen. »Ruth wollte, dass dieser ›Vermisstenfall‹ ganz besonders echt rüberkommt. Deswegen war der Mord an der unbekannten jungen Frau für sie die Gelegenheit, noch einen draufzulegen! Sie hat Ihr Verschwinden sozusagen besiegelt.«

»Sie ist wahnsinnig. Ich rechnete damit, dass ich nach ein paar Tagen wieder zum Vorschein kommen kann …«

»Wie ging es weiter?«

»Wie verabredet, habe ich mich während der Stadtführung abgeseilt. Bin aber nicht zu der Wohnung, die Mom für mich reserviert hat, sondern habe eine andere Unterkunft gesucht und gefunden.«

»Bei Ines Leisgang, der Sie vorgemacht haben, Sie seien Engländerin.«

»Ja.«

»Warum haben Sie Ihr Handy stillgelegt?«

»Ich wollte für Mom nicht erreichbar sein. Also habe ich den Akku rausgenommen. Ich habe mir ein simples Prepaid-Handy besorgt, um Louis anzurufen, habe ihm ein paar SMS geschickt. Dann wurde mir das zu heiß. Alles schien so unwirklich. Ich wusste plötzlich nicht mehr, was ich machen sollte.«

»Ist Louis wirklich gewalttätig?«

»Haben Sie ihn kennengelernt?«

»Schon, ja!«

»Also müssten Sie ihn vom ersten Augenblick an durchschaut haben. Er ist ein Faultier, ein bisschen zu relaxed, selbst für einen Australier. Keiner, der sich groß in einen Kampf begibt, wenn er stattdessen Banjo spielen kann. Er kann keiner Fliege was zuleide tun. Und schon gar nicht mir.«

»Alles in allem müssen Sie sich klar gewesen sein, dass er sich Sorgen machen wird.«

Fanny rieb sich das Gesicht. »Wissen Sie, wenn Sie in so einer Sache feststecken, riechen Sie plötzlich Freiheit. Ich musste nicht mehr zwischen den zwei Menschen lavieren, die mir am nächsten stehen. Musste nicht meiner Mutter nach dem Mund reden oder Louis schonend beibringen, was sie jetzt wieder von mir will.«

»Was meinen Sie damit?«

»Sie ist gut darin, anderen Schuldgefühle einzubläuen. Sie macht das unterschwellig. Dass sie das ganze Wochenende auf meinen Besuch gewartet hat, lässt sie durchblicken, obwohl sie natürlich wüsste, dass ich lieber mit meinem Mann zusammen wäre. Dass das ganze Leben in ihrem Alter aus Warten besteht.«

»Wie sympathisch.«

»In der Tat. Ich wollte wirklich nach zwei, drei Tagen wieder auftauchen, aber unerwartet ... tat mir der Urlaub allein gut.«

Katinka scheuchte ein paar Mücken weg, die sich auf ihrer verschwitzten Stirn niedergelassen hatten.

»Hier links geht es nach Roßdorf. Waren Sie schon mal auf einem fränkischen Keller?«

»Auf ...«

»In einem Biergarten. Kommen Sie, in einer Viertelstunde sind wir da. Das ist wie ein Kurzurlaub.«

Fanny grinste schief.

Die beiden Frauen stiegen auf und traten in die Pedale.

42

»So muss es sein«, sagte Dante zufrieden. Er hob seinen Bierkrug. »Auf das glückliche Wiedersehen der Liebenden.«

»Das sagen Sie jetzt so locker. Danke jedenfalls, dass Sie Louis gleich hergebracht haben.«

»Wenn Sie mich nach Roßdorf auf den Keller einladen … Das ist eine nettere Beschäftigung für den frühen Abend, als in das süffisant grinsende Gesicht von Bockler zu gucken. Ich verabscheue Großraumbüros.«

»Der verhasste Kollege ist nach wie vor auf den Spuren des Mordfalls, nehme ich an?«

»Allerdings. Wobei sich da momentan nichts tut. Schade für Ihren Liebsten, gut für mich.« Dante leckte sich den Schaum von den Lippen. »Was machen wir jetzt mit den beiden Turteltauben?«

Katinka blickte zu Fanny und Louis hinüber, die Arm in Arm auf der Bank an der Hauswand saßen. »Die beiden müssen reden.«

»Ein wirklich verrückter Plan! Dem Ehemann weiszumachen, seine Frau hätte die Düse gemacht, um zu testen, wie weit seine Liebe geht. Ich hätte eher gedacht, dass eifersüchtige Ehefrauen so was aushecken. Aber Mütter …«

»Die Welt ist ein Tollhaus.«

»Wie geht es mit Ruth Pessel weiter? Mit einem Attest vom Seelenklempner ist alles gegessen, oder?«

»Sie wissen doch, wie es läuft, Wischnewski! Der Schock, die Leiche ohne Gesicht, die vermisste Tochter … Man wird Ruth ihren psychischen Zustand zugutehalten, selbst wenn sie eine Mordermittlung behindert hat. Das geht aus wie das Hornberger Schießen.«

»So was macht mich immer sauer.« Dante stellte den Krug ab. »Echt! Solche Leute bringen abgrundtiefe Betroffenheit vor, und ruckzuck sind sie aus dem Schneider. Diejenigen dagegen, die noch Kraft haben zu kämpfen, werden allein gelassen oder gelten sogar als Feindbilder.«

»Sie meinen Ihre Redaktion?«

Dante zuckte die Achseln. »Ich könnte mich wegen Depressionen krankschreiben lassen. Aber das ist nicht mein Stil.«

»Ihr Rivale würde sich nur die Hände reiben.«

»Ich frage mich«, Dante ließ den Bierdeckel tanzen, »wie man an Ruth herankommen könnte.«

Katinka blickte den Reporter fragend an.

»Also, nicht dass ich jetzt gleich an eine Story denke, wobei ich natürlich immer an Storys denke, und diese hat bisher kein überzeugendes Ende. Keinen Höhepunkt. Ich meine, okay, Fanny ist aufgetaucht, aber nun ist Ruth in der Versenkung …«

»Raus mit der Sprache, Wischnewski! Was schwebt Ihnen vor?«

»Eine kleine Reportage für ein Magazin vielleicht. Eine so krude Geschichte kriege ich leicht an den Mann. Gar keine Frage! Die Presse schreit danach: Emotionen, Verrat, Betrug, Liebe und der nötige Schuss Drama! Ein Interview, exklusiv, mit Hintergrundbericht.«

»Nur zu!«

Dante wies zu Fanny und Louis hinüber. »Jetzt will ich nicht stören. Meinen Sie, Louis verzeiht seiner Fanny?«

»Solange Sie Ruth als Sündenbock haben.«

»Aha, Frau Palfy, lassen Sie mich raten: Sie finden, dass wir es uns damit zu einfach machen?«

Katinka legte ihren leeren Bierkrug waagerecht auf den Tisch. Ein Zeichen für die Bedienung, dass sie Nachschub vom Urbräu brauchte. »Wir wissen alle, Wischnewski, dass jedes Ding zwei Seiten hat. Jedes zwischenmenschliche Zerwürfnis ist ein Abgrund, an dessen Rändern sich beide Seiten schneller voneinander entfernen, als irgendwem lieb sein kann. Letzten Endes führt nur eine Katastrophe die Beteiligten wieder zusammen.«

»Interessante These.«

»Der Clinch zwischen Fanny und ihrer Mutter ist wahrscheinlich der Höhepunkt einer seit Jahrzehnten schwelenden Unfähigkeit, über das zu sprechen, was einen verbindet, und genauso über das, was einen trennt.«

»Sehe ich genauso. Es hat wenig Sinn, in Zeit und Ewigkeit davon auszugehen, dass man eine Beziehung nur über das Verbindende definiert.«

Die Bedienung brachte ein frisches Bier.

»Danke.« Katinka stieß mit Dante an.

»Meinen Sie nicht, dass es hier draußen allmählich ein bisschen frisch wird?«

Katinka zuckte die Achseln. »Das ist Meckern auf hohem Niveau! Wann konnten Sie zuletzt am 10. April auf dem Keller sitzen?«

Dante grinste. »Ich führe akribisch Buch über meine Kellerbesuche. Muss nur in meinem hauseigenen Archiv gucken, dann kann ich Ihnen genau Bericht erstatten, wann ich letztes Jahr mein erstes Bierchen im Freien gezischt habe.«

»Erhöhen wir den Einsatz.« Katinka beugte sich vor. »Was wäre das absolut Schlimmste für Ruth Pessel? Fanny zu verlieren!«

»Oder auch nur jemanden zu verlieren, der als Prellbock für ihre inneren Konflikte herhält. Ganz nach dem Motto: Irgendjemand muss an meiner Misere schuld sein.«

»Von mir aus. Fanny hat sich an diese Rolle gewöhnt. Erst jetzt ist sie ausgebrochen. Für eine Weile.«

Dante stutzte: »Sie wollen, dass Fanny sich weiterhin versteckt hält?«

»Das Quartier in der Gartenstadt ist ideal. Ruth wird nicht an der Peripherie der Stadt spazieren gehen. Für ein paar Tage zumindest kann Fanny es dort aushalten. Mit Louis.«

»Und was ist unser Ziel?«

»Ruth weichkochen. Sollen wir jetzt die Roßdorfer Brotzeitplatte bestellen?«

»Ich hatte gehofft, Sie würden endlich meinen Magen knurren hören«, seufzte Dante erleichtert.

Als die Platte mit Schinken, Dosenfleisch, Göttinger und Gerupftem kam, stürzte der Reporter sich darauf wie ein Habicht, der wochenlang gefastet hatte.

Katinka griff in den Brotkorb. Als sie von dem Gerupften nahm, warf sie einen Blick auf die Uhr. Schon nach 18.00 Uhr.

»Mist«, murmelte sie. Die blonde Frau mit der Kappe hatte sie ganz vergessen.

»Was?« Dante biss hungrig in sein Brot mit Dosenfleisch.

»Ach, ich habe soeben einen neuen Auftrag vermurkst.«

»Wie das?«

»Nicht so wichtig!« Katinka winkte ab. Was Illegales in einer Wohnung? Der Auftrag klang ohnehin nicht besonders vielversprechend.

43

Ramzan war ungern die ganze Strecke gefahren. Die Kilometer konnte er runterreiten, das war gar kein Problem. Seine Bedenken lagen woanders. Nach der Sache mit der Frau hielt er es nicht für angebracht, so bald wieder am Ort des Geschehens aufzuschlagen. Wenngleich es hieß, die Polizei wäre nicht einmal in die Nähe der Wohnung gekommen. Während er den Volvo mit konstanten 100 über die Autobahn rollen ließ, im Autoradio das übliche Popzeug dudelte, dachte er über seine Zukunft nach.

Er hatte sich bei Vasile verdingt und hoffte, irgendwann aufzusteigen. In einem legalen Club zuerst Türsteher zu werden, später im Büro zu arbeiten und das Treiben nur noch über die Monitore zu verfolgen. Verantwortung zu übernehmen, zuerst für die Security, später für die Finanzen. Auch für die Angestellten. Das stellte er sich vor. Damit würde er sich zufriedengeben. Leider kam keine Bewegung in sein Arbeitsverhältnis. Vasile nutzte ihn wie eh und je als Mann fürs Grobe. Noch einmal würde er nicht so Hand anlegen. Obwohl er die Frau nicht ermordet hatte – wenigstens hier hatte er ein reines Gewissen – spielte er den Steigbügelhalter für andere. Er hatte die Spuren beseitigt. Er hatte den Körper weggeschafft.

Vasiles Leute hatten die Medien verfolgt. Die Leiche war gefunden und fälschlich für eine verschwundene Touristin gehalten worden. Er hätte erleichtert sein können, zufrieden sogar. Aber er fühlte sich nicht beruhigt. Im

Gegenteil. Die Polizei würde jetzt erst recht alle Kräfte zusammenziehen. Er kannte das. Er hatte nachgeforscht, wer die Ermittlungen leitete. Einer von seinen Leuten, die nur ihm, Ramzan, zu Diensten waren, nicht Vasile, kannte den Kommissar. Der würde nicht locker lassen, sagte der Informant, dazu war er zu ehrgeizig. Oder zu gut. Im Sinne von Moral.

Ramzan sah Blaulicht hinter sich. Er blieb bei seinen 100 km/h, drehte nur das Radio etwas leiser. Seine Papiere waren in Ordnung. Er fuhr einen Wagen, den er nie in Bamberg benutzt hatte. Nur ruhig atmen! Seine Hände krampften sich um das Lenkrad. Locker lassen! Es gelang. Im Rückspiegel näherte sich ein Pkw. Ein Notarztwagen. Ramzan atmete auf.

Er hielt es nicht für klug, wieder in Bamberg herumzulaufen. Zum einen hatten sie in den vergangenen Monaten darauf geachtet, das Personal zu wechseln. Schick einen Mann lieber an einen neuen Ort, Vasile, hatte Bojan vorgeschlagen. Bojan durfte bereits Empfehlungen aussprechen. Er stand eine Stufe höher als Ramzan, mindestens. Bojan, der Serbe. Vasile fühlte sich sicher, unangreifbar. Er hielt sich für einen König, der er zweifellos war, ein König jener Welt, die er selbst heraufbeschworen hatte, die Welt der Dienstleistungen, für die es genug Frauen gab. Gerade jetzt. Ramzan war klug genug, in der Verzweiflung den Antrieb zu suchen. Warum sollte sonst eine Frau so was machen? Wegen des Geldes bestimmt nicht, obwohl Vasiles vermeintliche Großzügigkeit durchaus verlockend war. Vor allem aber zog das Versprechen: Du bekommst Papiere! Vasile kannte die entsprechenden Behörden. Eine Duldung, eine Verlängerung ... der Moldawier spielte auf der Klaviatur der Bürokratie, von denen er zahlreiche Mitarbeiter auf seiner Gehaltsliste hatte.

Ramzan fuhr von der Autobahn ab.

Die Frau vor ein paar Tagen, das war Larissa gewesen. Hatte sie ihn erkannt? Er hoffte nicht. Sie hatte den Absprung geschafft, war raus aus allem, hatte geheiratet, war das nicht der Traum aller Mädchen? Ein deutscher Mann, irgendwann Einbürgerung, nach Sprachkurs und Pipapo. Bloß nie mehr raus aus Deutschland. Alles in Kauf nehmen für den großen Plan *Neues Leben*. Vasile hatte sie noch auf dem Radar, seine Larissa, brüstete sich, sie groß gemacht zu haben. Hatte er vielleicht sogar Dina, das schüchterne Mädchen, ermordet, auch eine Hoffnungslose aus Transnistrien, diesem schmalen Landstrich, der wie aus der Zeit gefallen schien, wirtschaftlich abgeschmiert, eine Spalte, aus der kaum einer rausfand … Ein Rest Sowjetismus an Moldawiens Ostkante, ein Spielball für die Interessen Russlands. Ramzan ließ das Fenster herunter.

Er hasste Russland.

An der ersten roten Ampel hielt er. Er war erst vor zwei Tagen hier gewesen, um die Wohnung zu putzen, und sie war schon wieder in Verwendung. So schnell ging das. Nur keine finanziellen Einbußen! Vasile verwies auf die Kosten. Das Personal frisst einem die Haare vom Kopf, pflegte er zu sagen, wobei er sich über die Glatze strich. Vasile, Vasile! Er wurde unvorsichtig, Ramzan spürte: Irgendwas war im Anflug.

Verdammt, hatte Larissa ihn erkannt? So wie er sie?

Larissas Adresse hatte er längst. Er würde sehen, wie er weiter vorging. Am besten, sie bemerkte ihn nicht. Fürs

Erste. Immerhin konnte es Zufall gewesen sein, dass sie ausgerechnet in der Straße herumlief, wo die Wohnung lag. Gut, aber wenn sie ihn erkannt hatte, zählte sie eins und eins zusammen. Sie wusste zu viel.

Es war klug, sie unter Beobachtung zu halten. Der Ehemann mochte brauchbar sein, wenn es um Papiere ging. Für alles andere taugte er wahrscheinlich nicht. Ramzan schluckte den bitteren Geschmack in seinem Mund herunter, als er weiterfuhr. Endlich erreichte er die Innenstadt. Er verabscheute Gewalt. Daran musste er immerzu denken. Dass er angetreten war mit dem Gedanken, ab jetzt ehrlich zu arbeiten.

44

Sie saßen im Roßdorfer Gasthof beim x-ten Bier. Es war spät. Hatte gedauert, bis Fanny zu reden begann. Doch dann konnte sie sich mit einem Mal nicht mehr zurückhalten. Der Frust, über Jahre aufgestaut, brach sich Bahn.

»Dass ich mich abnabeln müsste, hat mir schon manchmal jemand gesagt. Dass ich mich zu sehr nach den Wünschen meiner Mutter richte. Ab und zu hat eine Freundin das Thema angesprochen.«

»Man mischt sich nicht gern in anderer Leute Angelegenheiten ein«, ging Louis dazwischen. »Außerdem reden Australier nicht so viel über Probleme.«

»Wir hier in Deutschland reden *ausschließlich* über Probleme. Das ist unsere Spezialität.« Dante grinste. »Zunder und Zank, Zorn und Zwist«, fügte er auf Deutsch hinzu. »Wie übersetzt man das, Frau Palfy?«

»Nur als wir geheiratet haben, habe ich mich ausnahmsweise nicht um ihre Meinung geschert.« Fanny trank von ihrem Bier.

»Was Ihnen Ihre Mutter nicht zu verzeihen scheint, oder?«, fragte Katinka.

»Sie warf mir Egoismus vor. Wollte wissen, was ich mit meiner Renitenz erreichen würde. Sie behauptete eine Weile tatsächlich, sie kenne mich so gut, besser als ich mich selbst, und daher wüsste sie besser als ich selbst, wer zu mir passt.«

»Der Punkt ist bloß: Es ging nicht um mich. Ruth hätte keinem Mann ihre Zustimmung erteilt.« Louis legte einen Arm um Fanny. »Allenfalls einem Anzugträger ohne Schwanz mit einem Jahreseinkommen von über 100.000 Dollar.«

»Warum ist das eigentlich so? Will Ihre Mutter nicht, dass Sie glücklich sind?« Katinka spürte, wie ihr das Bier allmählich zu Kopf stieg. Es war mittlerweile stockdunkel draußen. Sie waren froh um die geheizte Gaststube. Außer ihnen saß nur ein Paar am Nachbartisch. Die anderen Gäste waren schon in den kühlen Frühlingsabend hinausgezogen.

»Sie bildet sich ein zu wissen, wann ich glücklich bin. Ich bin selbst schuld. Ich habe nie groß rebelliert. Selbst in der Pubertät nicht. Da haben die Mütter meiner Freundinnen meine Mutter beneidet. Bei denen zu Hause flogen die Fetzen. Bei uns nicht.«

»Sie fühlten sich in die Pflicht genommen. Schließlich ist Ihre Mutter alleine mit einem Kind dagestanden.«

»Das trifft leider auf viele Frauen zu«, warf Louis ein. »Nicht, dass ich da was entschuldigen will, aber nicht jede Mutter nimmt ihre Tochter persönlich für ihre seelischen Beschwerden in Haftung.«

»Was soll das denn heißen?«, fragte Dante.

»Ruth braucht jemanden, dem sie Verantwortung zuschanzen kann! Sie hatte eine harte Zeit mit dem Baby. Wer war schuld? Der Kindsvater. Heute hat sie Stress in der Arbeit und kann sich am Wochenende nicht erholen: Wer ist schuld? Fanny. Weil sie nicht ständig parat steht. Ruth macht sich Sorgen um die Zukunft: Wer ist schuld? Wieder Fanny. Weil sie nicht auf Ruths Vorschläge zur Weltverbesserung eingehen will.«

»Die darin besteht, dass Fanny sich von Ihnen trennt«, murmelte Dante.

Katinka stellte fest: »Das klingt ziemlich bitter.«

»Wären Sie da nicht bitter?« Louis schnaubte.

»Sie braucht mich eben. Ich bin ihr ein und alles.«

»Wenn man verpasst, sich Beziehungen aufzubauen, ist man selbst für seine Einsamkeit verantwortlich. Man kann sie nicht dem eigenen Kind in die Schuhe schieben.«

»Meine Mutter war immer für mich da. Also kann ich ihr jetzt durchaus was zurückgeben.«

»Das ist natürlich Ruths Argument!« Louis verdrehte die Augen. »Komm raus aus der Loyalitätsfalle, Fanny!«

Zwischen den beiden knisterte etwas. Es war nicht mehr die tief empfundene Freude über das Wiedersehen.

Katinka spürte Befangenheit und Vorbehalte. Lang verdrängten Ärger, der sich ein Ventil suchte.

»Sie haben jetzt die Chance, dass sich etwas ändert«, insistierte Dante.

Fanny wurde zusehends unruhig. Ihr Tag war eine einzige Achterbahn gewesen. Sie war aufs Neue umgezogen, gleich darauf von Katinka aufgespürt und mit der Nachricht konfrontiert worden, dass man sie für tot hielt, während Louis bereits in Bamberg war, um sie zu finden, woraufhin sie ihn traf und sich mit ihm aussprechen musste. Nun steckte sie in einer Sackgasse fest, in der sie nur eines tun konnte: sich verteidigen. Mit dem Argument, sie wolle nicht egoistisch sein.

Louis schien nach wie vor schockiert darüber, dass Fanny dem Plan zugestimmt hatte, ihn im Unklaren über ihr Verschwinden zu lassen. Katinka hatte den Eindruck, seine Lässigkeit wich zum ersten Mal einem inneren Rückzug. Er schien nicht mehr bereit, das abstruse Verhalten seiner Schwiegermutter mit einem Achselzucken zu kommentieren. War in Zweifel gestürzt worden. Machte Fanny Vorwürfe, ohne sie sich einzugestehen.

»Ich denke«, sagte Katinka so einfühlsam wie möglich, »dass Ihre Mutter sich von Ihnen gebraucht fühlen will, Fanny. Sie sehnt sich nach einer tiefen Beziehung zu Ihnen. Weil sie die nicht bekommt, weil sie spürt, Sie können und wollen nicht mehr geben, als Sie es ohnehin tun, führt sie das Schuldargument ins Feld. Sieh, was ich für dich getan habe, als ich dich alleine großzog. Jetzt könntest du dich wenigstens ein klein bisschen erkenntlich zeigen.«

»Moment.« Louis schlug mit der Faust auf den Tisch. »Fanny war das *Kind*, als ihr Vater die Düse machte. Sie ist in diese Konstellation reingeraten. Ruth jedoch hat von Anfang an die Voreinstellungen so konstruiert, dass Fanny sich verantwortlich zu fühlen hatte für das Wohlergehen ihrer Mutter. Aber sie war nur das *Kind*!«

»Das ist absolut richtig.« Katinka nickte.

»Deswegen muss *Ruth* sich ändern. Sie sollte endlich darüber nachdenken, was sie Fanny angetan hat, indem sie ihr nicht mal gesagt hat, wer ihr Vater ist!«

»Möchten Sie das wissen?«, erkundigte sich Dante mit echter Neugier in der Stimme.

Fanny druckste herum. »Vielleicht. Wobei ich nicht weiß, wie sich das anfühlen würde. Was, wenn er ein Volltrottel ist?«

»Haben Sie Fanny je ermutigt, selbst nach ihrem Vater zu suchen?«, fragte Katinka Louis.

»Ehrlich, dieses ganze Familienbrimborium macht mich fertig.« Louis nahm den Arm von Fannys Schultern. »Wir sind keine 30, uns liegt die Welt zu Füßen, müssen wir ständig in der Vergangenheit rühren?«

»Sie sind sauer.« Dante sagte es ganz cool.

Louis antwortete nicht. Fanny wollte sich an ihn lehnen, tat es aber nicht. Sie fror einfach mitten in der Bewegung ein.

»Und das fände ich, ehrlich gesagt, ganz normal.«

»Sie sind nicht verheiratet!«

»Nein.« Dantes Gesicht rötete sich. »Leider. Also. Wenn man heiratet, ist das letztlich ein äußeres Zeichen, dass man sich von der Herkunftsfamilie löst und neu anfängt.«

Louis hieb die Fäuste auf den Tisch. Der massiven fränkischen Holzplatte machte das nichts aus. Seinen Händen schon. Er zuckte vor Schmerz zusammen. »Ich verstehe das nicht. Warum hast du diesem bescheuerten Plan zugestimmt, Fanny? Warum?«

»Muster sind halt genau das: Muster«, gab Dante zum Besten. »Dinge passieren immer in derselben Weise. Verhalten vollzieht sich genauso in Mustern. Schwer, da rauszukommen.«

»Dann muss man was Unvorhersehbares tun!« Louis hatte rote Flecken am Hals. »Raus aus den alten Mustern.«

»Genau das hat Fanny getan.« Katinka lehnte sich zurück. »Oder nicht?«

»Aber …«

»Dass sie sich für eine Weile unsichtbar gemacht hat, passt Ihnen nicht, Louis, aber Tatsache ist: Wenn sie zu einer besseren Reaktion fähig gewesen wäre, hätte sie anders reagiert.«

»Hätte, hätte, Fahrradkette«, brummte Dante.

»Louis, Schatz, es tut mir leid. Wirklich! Ich brauchte Zeit. Zum Nachdenken. Für mich. Einfach mal loslassen.«

Fanny hat sich direkt aus der Abhängigkeit von ihrer Mutter in die von ihrem Ehemann begeben, dachte Katinka. Nahtloser Übergang. Auch nicht gesund. Auf der Reise durch Deutschland war sie aus dem gewohnten Verhalten ausgeschert und hatte sich damit zum Risiko für Ruth genauso wie für Louis entwickelt. Doch so sehr Katinka Fanny verstand: Das Therapiegespräch ging ihr langsam auf den Geist. Sie war müde von dem langen Tag. Die etwaige Klientin, die sie versetzt hatte, die Frau mit der Kappe, schwirrte in ihrem Kopf herum. Eigentlich war sie nie so unzuverlässig. Zudem hasste sie es, wenn ihr ein Geschäft durch die Lappen ging – ein Reflex aus der Zeit, als sie als Privatermittlerin noch in den Kinderschuhen gesteckt hatte.

Was sollte dieses Gespräch mit den Chatwins groß bringen? Anwälte und Staatsanwälte würden ihre Geschütze in Stellung bringen, doch am Ende käme Ruth damit durch: Sie hatte im Schock die Leiche als ihre Tochter identifiziert. Meine Güte, wer mochte der Frau das nicht nachsehen? Sie war krank vor Angst um Fanny, die immerhin schon ein paar Tage abgängig war, sah die Leiche, das war hardcore ...

Zweifelhaft, ob Fanny mit ihrer Aussage, Ruth selbst habe ihr Verschwinden gewünscht, ihre Mutter noch in juristische Schwierigkeiten bringen könnte. Insbesondere, weil zu vermuten stand, dass sie das gar nicht wollte.

Katinka fühlte sich plötzlich so erschöpft, dass sie kaum zuhörte, was Dante da gerade sagte.

»... ist jetzt der Moment gekommen, Fanny: Genau jetzt können Sie ausbrechen. Ihre Gefühle in Ordnung bringen. Abstand zu Ihrer Mutter aufbauen. Ihre Ehe festigen ...«

»Und wie? Alles ist verwüstet.«

»Im Gegenteil. Ich bewundere Sie«, schmeichelte Dante. »Sie haben ganz schön die Hosen runtergelassen. Respekt vor Ihrem Mut! Sie haben den ersten Schritt gemacht, um aus der Abhängigkeit von Ihrer Mutter auszubrechen, indem Sie ihren Plan sabotiert haben. Jetzt liegt es an Ihnen zu gestalten, wie es weitergeht.« Er stieß unter dem Tisch gegen Katinkas Knie.

»Dante hat recht, Fanny«, fügte Katinka hinzu. »Ihre Mutter kann nicht ihr Leben lang damit argumentieren, dass sie nur Ihr Bestes will.«

»Hüte dich vor den Leuten, die dein Bestes wollen«, grummelte Louis.

»Genau das ist der Punkt!« Begeistert klatschte Dante in die Hände. »Erhöhen Sie den Einsatz, Fanny!«

»Was meinen Sie damit?«

»Ruths Plan ist nach hinten losgegangen. Sie wollte, dass Sie sich zum Schein in Luft auflösen, um Louis unter Druck zu setzen. Drehen Sie es um! Sie bleiben weg, damit Ruth die Masken fallen lässt.«

»Ich weiß nicht …«

»Jetzt ist der entscheidende Moment!« Dante redete, als werbe er für einen Abenteuerurlaub. »Wenn Sie den verstreichen lassen, kehren Sie nach Hause zurück und gleiten wie von selbst in die alten Gewohnheiten.«

»Da hat er recht!« Louis sah Fanny an. »Wir drehen den Spieß um.«

»Aber …«

»Ruth soll mal sehen, wie das ist! Meine Güte, wenn ich daran denke, dass ich der Schulleitung geschrieben habe, dass du tot bist …«

Fanny schüttelte den Kopf. Die Erschöpfung stand ihr ins Gesicht geschrieben.

»Das wollte ich nicht. Das musst du mir glauben, Louis! Wie konnte ich ahnen, dass sie mich für tot erklärt.«

»Das konnten Sie wirklich nicht wissen«, beruhigte Dante. »Aber wenn Sie Ihr Verhältnis klären wollen, haben Sie nun die Chance.«

»Was muss ich tun?«, fragte Fanny tonlos.

»In der Versenkung bleiben. Muten Sie Ihrer Mutter das Schlimmste zu.«

Ob es was bringt?, grübelte Katinka, doch ihr Kopf wollte nicht mehr weiterdenken. Sie bat die Bedienung, ein Taxi zu rufen.

11.4.2018

45

Er hatte kein Problem damit, ein paar Nächte im Auto zu verbringen. Er hatte an ganz anderen Orten gehaust. Am Morgen jedenfalls saß er in einem der vielen Cafés auf der Straßenseite, die der Wohnung gegenüber aneinander aufgereiht waren wie Perlen an einer Schnur. Auf einem Parkplatz hatte er sich einen Bart angeklebt und ein Haarteil übergestülpt, gekrönt von einer speckigen Baskenmütze. Zusätzlich trug er schwarze Hosen und ein Sakko. In dem Aufzug würde er als Pfarrer durchgehen können, wenn nötig.

Er bestellte einen Kaffee, schwarz, ohne Zucker. Dann noch einen. Er würde ins nächste Café gehen und ins nächste. Den ganzen Tag hätte er die perfekte Tarnung. Gegen 9.00 Uhr wirkte die Straße noch ruhig, aber er hatte bereits erlebt, wie sie sich am späteren Vormittag mit dem Leben der Studenten füllte, das bis spätnachts nicht erlöschen wollte. Ein Leben, das er nie gekannt hatte, das jedoch irgendetwas in ihm auslöste. Gerade jetzt spürte er es. Er konnte sich der Atmosphäre nicht entziehen. Junge Mädchen schlängelten sich auf ihren Fahrrädern zwischen den Fußgängern durch. Burschen mit Rucksäcken verschickten auf ihren Handys romantische Botschaften, wenn er das Lächeln in ihren Gesichtern richtig deutete.

Es war Frühling.

Ramzan trank seinen Kaffee aus. Er hatte ein Magazin zur Hand und tat, als würde er lesen.

Gegen 10.00 Uhr kam eine Frau mit einem Dackel vorbei.

Nur der Hund schaffte es bis in sein Bewusstsein. Die Frau sah nicht aus wie Larissa. Sie hatte dunkles, sehr kurzes Haar. Aber der Hund …

Ramzan warf Geld auf den Tisch und lief ihr nach.

46

»Es tut mir wirklich leid«, entschuldigte sich Katinka zum dritten Mal, als sie die Tür zur Detektei aufsperrte. Schon 10.00 Uhr! Der halbe Vormittag war ihr durch die Lappen gegangen. Am Morgen war ihr nichts anderes übrig geblieben, als Hardo von den absonderlichen Konflikten in der Familie Pessel-Chatwin zu berichten, immerhin war die Polizei auf Ruth nicht gut zu sprechen. Anschließend war sie noch einmal eingeschlafen, und erst um kurz nach 9.00 Uhr wieder aufgewacht.

Sie hatte die Frau, die in der engen Gasse auf sie wartete, nicht wiedererkannt. Statt der warmen Jacke, die ihren Körper umhüllt hatte wie ein Sack, trug sie nun einen eng anliegenden Blazer. Außerdem verwirrte ihre Haartracht: Katinka hatte blonde Strähnen in Erinnerung, die lockig unter einer Kappe hervorquollen. Heute waren die Haare der Frau maximal drei Zentimeter lang und dunkel. Nur der struppige Dackel sah aus wie gestern.

»Ist wirklich dringend.« Die Frau drängte sich mitsamt Hund in Katinkas Büro.

»Setzen Sie sich. Verraten Sie mir erst mal Ihren Namen.« Von dem langen Abend gestern fühlte sie sich noch immer nicht in Form. Das Bier oder die krausen Geschichten, dachte sie seufzend, während sie ihren Notizblock aus der Schublade nahm.

»Mein Name ist nicht wichtig.«

»Finden Sie?«

»Ich bezahle Sie. Jetzt gleich. Wie viel?« Sie legte ein paar Scheine auf den Tisch.

»Erzählen Sie!«

»Es gibt eine Wohnung. In der Straße da oben.« Sie zeigte über Katinkas Schreibtisch hinweg.

»Austraße.«

Die Frau nickte und nannte eine Hausnummer. »*Götze* steht an der Tür. Das ist ein Bordell. Ich weiß nicht, ob das legal ist.«

»Die Wohnung ist ein Bordell?«

»Für Gruppen von Männern. Sie werden von einer einzigen Frau erwartet und können mit ihr machen, was sie wollen.« Die Frau senkte die Stimme. »Was immer sie wollen.«

Katinka schwirrte der Kopf. Im Zweifelsfall war das sogenannte Bordell durchaus legal. Sie hatte ihre Erfahrungen mit dem Rotlichtmilieu gemacht.

»Haben Sie weitere Namen?«

»Götze ist ein Tarnname. Vasile nimmt immer die Namen von Fußballstars. Fixe Idee.«

»Vasile wie weiter?«

»Leanu.«

Katinka schrieb mit.

»Er ist der Boss, er bedient sich vor allem bei Flüchtlingsfrauen. Er versorgt sie mit vorläufigen Papieren, nicht nur mit Geld. Deswegen machen sie das. Sie hoffen, dass sie ihre Schulden bei Vasile irgendwann abgezahlt haben. Was nie funktioniert. Es sei denn ...«

»Ja?«

»Die Frau findet einen Sponsor. Und wird älter. Falten und Cellulitis wollen diese Männer nicht sehen, verstehen Sie?«

Katinka sah auf ihre Hand. Sie trug einen Ehering.

»Hm. Was soll ich tun? Die Wohnung beobachten? Haben Sie den Verdacht, dass Ihr Mann das ... Etablissement besucht?«

»Nein. Ich will ...«

»Sie wollen?«

Die Frau machte eine Geste, als wollte sie sich das Haar hinters Ohr streichen, und hielt kurz inne, vor Überraschung, dass da kein Haar mehr war.

»Die Frau muss verstehen, dass sie ins Unglück läuft.«

»Wenn ich klingle und ihr das sage – glauben Sie, das hat Erfolg?« Katinka kniff die Lider zusammen. »Sie haben sich verändert seit gestern.«

Die Frau sank in sich zusammen. Sie war sehr hübsch, schätzungsweise um die 30. Um ihre Augen hatten sich allerdings bereits tiefe Falten gebildet. Vor ein paar Jahren mochten sich Männer nach ihr verzehrt haben.

»Das funktioniert nicht, und das wissen Sie selbst!«

Die Frau zuckte zurück.

»Kann ich etwas anderes für Sie tun?« Katinka schob die Banknoten ihrem Gegenüber hin. »Bitte. Sehen Sie es als Beratungsgespräch.«

Die Frau sprang auf. »Er ist hinter mir her«, flüsterte sie und sah gehetzt zum Fenster.

»Wer ist hinter Ihnen her?«

»Ramzan. Er ist …« Sie beugte sich vor. »Da ist eine Frau ermordet worden. Ich habe es in der Zeitung gelesen.«

»Was wissen Sie darüber?«

»Vasile ist so einer.«

»Was für einer?«

»Er würde einer Frau das Gesicht zerschmettern. Er kennt keine Gnade.«

Mit einem Mal wurde Katinka klar, was sich da vor ihr gerade vollzog.

»Können Sie mir mehr über den Mord sagen?«

»Nein.«

»Wer war die junge Frau?«

Katinkas Klientin sank zurück auf den Besuchersessel. »Ich kenne sie nicht.«

»Aber Sie kennen ein paar andere in dem Geschäft.«

»Ja.« Das war nur ein Hauch.

»Wenn Sie darüber reden … vielleicht hilft das Frauen wie der in der Wohnung da oben mehr, als wenn ich an der Tür läute und Ratschläge erteile.«

»Ich darf nie darüber reden. Sonst …«

»Sie sind ausgestiegen.«

»Mein Mann hat mich ausgelöst.« Sie hob die Hand und zeigte den Ehering.

Katinka wurde kalt.

»Ich bin 31. Zu alt für Vasiles Exklusivangebote. Aber an anderer Stelle hätte er mich noch verheizt. Peter hat meine Schulden gezahlt. Er war eines Tages in Nürnberg. Wo ich arbeitete. In so einer Wohnung.«

Sie schlang die Arme um ihren Oberkörper. Katinka ahnte, dass sie auspacken würde. Wenn der Damm einmal gebrochen war, wollten die Wörter raus.

»Sie haben als Prostituierte für Vasile Leanu gearbeitet?«

Die Frau nickte. »Ja. Ich heiße Larissa. Komme aus Transnistrien wie Vasile. Er stammt aus dem Nachbarort. Sein Angebot klang, als könnte man es nicht ausschlagen: *Arbeiten in Deutschland, befristet, drei Jahre*. Ich wusste nicht, was mit *arbeiten* gemeint war.«

Wahnsinn, dachte Katinka. Diese Verschleierungstaktik funktioniert seit Jahrzehnten.

»Wo ist Vasile zu finden?«

»Er operiert in ganz Deutschland, Belgien, Holland. Er hat ein Imperium. Viele Leute auf der Gehaltsliste.«

Katinka stand auf und blickte auf die Gasse hinaus. Niemand zu sehen. Ein paar Sonnenstrahlen tanzten vorwitzig über die gegenüberliegende Hauswand.

»Kennen Sie mehr Namen?«

»Ich war bei der Polizei. Die haben mir versprochen, sich um meine Sicherheit zu kümmern. Haben sie aber nicht. Ramzan kam mir nach.«

»Ramzan?«

»Ramzan Kolesnikow. Er arbeitet für Vasile. Die erste Nacht in so einer Wohnung werden die Frauen beobachtet. Kontrolliert, nicht geschützt. Um zu sehen, ob sie taugen. Meistens schicken sie Männer mit Sonderwünschen und schauen, ob die Frau das macht. Ohne zu meckern oder zu klagen. Ramzan war mein Hüter der ersten Nacht.«

Katinka notierte den Namen.

»Ich habe die Aussage zurückgezogen. Mit der Hilfe eines Anwalts. Wollte meinen Frieden. Nicht mehr da reingezogen werden. Ich habe geheiratet und bin hierhergezogen. Ich dachte, in einer kleineren Stadt bin ich sicherer. Doch es hört nicht auf.«

»Werden Sie bedroht?«

»Solange ich nichts sage, bin ich nicht mehr wichtig. Aber ich habe Ramzan da oben in der Straße gesehen, es war Zufall. Dann habe ich die Wohnung gefunden. Sie war neu renoviert worden.«

»Wann war das?«

»Vor drei Tagen erst.«

Katinka sah auf den Kalender. Also nach dem Mord. Lang nach dem Mord.

»Sie haben Ihr Aussehen verändert, weil Sie Angst davor haben, dass jemand hinter Ihnen her ist?«

»Ich weiß, es hat wenig Sinn.«

»Die Frisur steht Ihnen jedenfalls!« Katinka lächelte das beruhigendste Lächeln, zu dem sie imstande war. Ihre Gedanken jedoch kreisten in atemberaubendem Tempo um ganz andere Dinge. Larissas Gewissen meldete sich. Sie kam nicht weg von der alten Geschichte, fühlte eine absurde Verantwortung für Frauen, die in die gleiche Falle geraten waren wie sie selbst. Wahrscheinlich hatte sie sich auf eigene Faust bei der Wohnung umgesehen und sich verdächtig gemacht. Zuhälterringe waren für ihre Brutalität und eiskalte Konsequenz bekannt. Frauen kamen da nicht mehr raus. Allerdings wäre der Zufall nur allzu groß: Eine gute Woche nach dem Mord an der Unbekannten schneite eine Ex-Prostituierte bei ihr herein, um den entscheidenden Tipp zu geben?

»Haben Sie in Ihrer aktiven Zeit mitbekommen, dass Frauen umgebracht wurden? Unklare Todesfälle, die nun einen Sinn ergeben, da Sie von dem Mord wissen?«

Larissa nickte wieder. »Aber niemand wusste etwas Genaues.«

»Sind Drogen im Spiel?«

»Die Kunden bekommen etwas angeboten. Aufputschmittel zum Beispiel oder Viagra.«

»Und dieser Vasile? Nimmt der Drogen?« Katinka dachte an die Brutalität, mit der dem Mordopfer das Gesicht zertrümmert worden war.

»Nehme ich an. Er kann nächtelang wach bleiben, wenn es darauf ankommt.«

»Worauf ankommt?«

»Jemanden auszuschalten, zum Beispiel.« Larissa stand auf. »Ich werde nicht mit der Polizei darüber reden.«

Katinka konnte sie verstehen. Diese Frau hatte nach langem Zögern endlich das Heft in die Hand genommen und es gewagt, über das Unsagbare zu sprechen. Ihre Psyche hatte immer noch mit den Folgen von Ohnmacht und Gewalttätigkeiten zu kämpfen, denen sie ausgesetzt war. Dennoch war sie vermutlich eine wichtige Zeugin. Ein Verbindungsglied zwischen dem Fall der Toten vom Geisberger Forst und den Tätern.

»Kennen Sie weitere Frauen aus Vasiles Dunstkreis? Anders gefragt, würden Sie es sich zutrauen, einen Blick auf die Tote zu werfen?«

47

Katinka wagte kaum zu hoffen, dass Larissa die Tote identifizieren konnte. Trotzdem rief sie Lore Lawitschka an und schilderte in groben Zügen, worum es ging.

»Wir machen das unter uns«, schlug die Rechtsmedizinerin vor. »Komm so bald wie möglich mit ihr vorbei.«

Katinka jagte den Italiener über die Autobahn. Larissa saß schweigend auf dem Beifahrersitz.

Die Rechtsmedizinerin empfing sie im Seziersaal. Sie reichte Larissa die Hand und stellte sich vor. »Bringen wir es hinter uns?«

Larissa nickte.

Als Lore Lawitschka das Laken von der Leiche zog, erwartete Katinka einen Zusammenbruch, Tränen,

Schluchzer. Nichts dergleichen geschah. Larissa presste die Lippen zusammen. »Kann ich ihre Füße sehen?«

Die Rechtsmedizinerin nahm das Laken ganz weg.

Larissa stand reglos. Schließlich wandte sie sich ab und ging ein paar Schritte.

»Das ist Dina Mabirescu. Sie kam zu uns nach Nürnberg, da war sie kaum 17. Ich hatte Geburtstag an dem Tag, als Vasile sie mir vorstellte. Wurde 25. Dina stammt auch aus Transnistrien. Aus Ribniza. Ganz im Norden. Wir haben nicht viele Möglichkeiten da. Zucker, Stahlwerk, Zementwerk.« Sie sagte es in einem entschuldigenden Tonfall. Als gäbe es eine einfache Erklärung für den grausamen Tod, den die Frau in Lore Lawitschkas Kühlfach hatte erleiden müssen.

»Sind Sie sicher?«

»Ihr linker Fuß ist deutlich kleiner als der rechte. Sie hat immer gejammert, dass sie Probleme mit den Schuhen hat.«

Katinka beugte sich über die Füße der toten Frau. Sogar mit bloßem Auge war der Größenunterschied zu erkennen.

Sie ließ Larissa bei Lore Lawitschka, die sich um Kaffee kümmerte, und trat vor die Tür, um Hardo anzurufen.

»Was gibt's?«

»Die Tote vom Geisberger Forst heißt Dina Mabirescu aus Ribniza in Transnistrien.«

»Woher …?«

»Eine ehemalige ›Kollegin‹ hat sie identifiziert. Dina hat als Prostituierte für einen gewissen Vasile Leanu gearbeitet.«

»Moment. Wer ist diese Zeugin?«

»Das bleibt vorerst unter uns, klar?«

»Ich kann nichts versprechen.«

»Sie war selbst Prostituierte in diesem Ring. Junge Mädchen aus Transnistrien werden offenbar gezielt angeworben. Man verspricht ihnen eine Arbeitsstelle in Deutschland. Der alte Trick. Boss des Geschäfts ist dieser Vasile. Ich habe zusätzlich einen zweiten Namen: Ramzan Kolesnikow. Wahrscheinlich Russe.«

»Hört sich so an. Transnistrien! Das ist dieser Zipfel zwischen Moldawien und der Ukraine, der sich von Moldawien losgelöst hat, den aber kein anderes Land auf der Welt anerkennt. Verdammt! Das wird kompliziert.«

»Sie muss Eltern oder Geschwister haben.«

»Verdammt!«, wiederholt Hardo.

»Die Zeugin kennt eine Wohnung in der Austraße, die anscheinend als Puff dient. Individuelle sexuelle Dienstleistungen. Womöglich sind dort Spuren zu finden, irgendwelche Hinweise.« Katinka nannte die Hausnummer. »Der Name, der an der Tür steht, lautet Götze. Ein Tarnname.«

»Offensichtlich.«

»Die Zeugin hat schon einmal eine Aussage gemacht. Man versprach ihr damals, sie in ein Zeugenschutzprogramm aufzunehmen, aber nichts ist passiert. Sie hat Angst. Deshalb hat sie die Aussage zurückgezogen.«

»Ich sehe, was ich tun kann.«

»Danke, Hardo!«, sagte Katinka, doch er hatte schon aufgelegt.

48

Ramzan hatte den Wagen in Sichtweite geparkt. Er wusste, was sie vorhatten. Sie würden die Leiche identifizieren.

Er holte sich Anweisungen. Es wäre besser, wenn ein anderer Mann an seiner Stelle die Observation ausführte. Einer, den Larissa nicht kannte.

Vasile wollte davon nichts wissen. Er hatte wahrscheinlich drei Nächte nicht geschlafen und steckte bis zum Scheitel voll Aufputschmittel und Koks. Wenn er in diesem Zustand war, würde Ramzan an ihn nicht herankommen. Ihm blieb nichts anderes übrig, als auf seine Tarnung zu vertrauen.

Wenn Larissa die Frau erkannte, war das ein Problem. Ein großes. Besser nichts anbrennen lassen.

49

Lore Lawitschka schenkte mehr Kaffee aus. Katinka hatte ihr kurz über Larissas Vergangenheit berichtet, als die zur Toilette gegangen war.

»Sie sollten da nicht einfach so rausmarschieren«, sagte sie nun zu Larissa.

»Du meinst, uns ist jemand gefolgt?« Katinka runzelte die Stirn. »Larissa, dieser Ramzan ...«

Larissa verzog das Gesicht. »Ramzan ist eiskalt.«

»Fuck!« Katinka rieb sich die Stirn. »Gibt es einen anderen Ausgang, Lore?«

Lore Lawitschka nickte. »Die Klinikkeller sind miteinander verbunden. Ich kann Sie unterirdisch bis zum Maximiliansplatz bringen. Allerdings halte ich es für keine kluge Idee, wenn Sie jetzt mir nichts, dir nichts nach Hause fahren.«

Larissa nickte. Sie war sehr blass. »Ich hätte den Mund halten sollen«, sagte sie leise.

»Wenn Sie möchten, können Sie ein paar Tage bei mir bleiben.«

»Das ist ...«

Die Lawitschka hob die Hand. »Schon gut, keine Dankesbezeugungen.«

»Was mache ich mit Sepp?«, flüsterte Larissa.

»Wer ist Sepp?«

»Mein Hund!«

»Der im Moment in meinem Auto hockt«, ergänzte Katinka. »Um den kann ich mich kümmern.«

50

Er stieg aus dem Wagen. Die Sonne blendete und er schwitzte unter dem Haarteil und der Baskenmütze. Gemessenen Schrittes ging er die Straße entlang. Als er an dem Fiat vorbeikam, bellte der Hund.

Ramzan sah sich unauffällig um.

Ein Fenster stand einen Spalt offen. Es war warm. So ein Tier brauchte Luft. Der Dackel bellte und hechelte.

Ramzan ging weiter. Drehte sich um und spazierte zurück. Wenig tat sich. Gemäßigter Verkehr, Leute auf Parkplatzsuche. Studenten mit Rucksäcken. Was es nur alles zu studieren gibt!, dachte er kurz.

Er fiel nicht auf, als er sich kurz darauf bückte und je einen Krähenfuß sorgfältig vor den Vorder- und hinter den Hinterreifen des italienischen Kleinwagens platzierte.

51

Verloren in düsteren Gedanken steuerte Katinka den Italiener durch Erlangen. Sepp, der Dackel, hockte winselnd auf dem Beifahrersitz. Er vermisste sein Frauchen. Dünne Wolken verschleierten den Himmel und drückten aufs Gemüt. Es wurde schwül. Katinka ließ das Fenster herunter. Die Ohren des Dackels wehten im Fahrtwind.

Jetzt kam endlich Bewegung in den Fall. Es gab Namen. Gesichter, wo zuvor nur aufgeplatzte Haut und zerschmetterte Knochen gewesen waren. Sie hatten die Namen von zwei Tätern. Man würde Telefonverbindungen checken. Es kam nur darauf an, schnell zu sein.

Sie war sich nicht sicher. Der Volvo hinter ihr erregte ihre Aufmerksamkeit. Er klebte, seit sie in der Rechtsmedizin losgefahren war, an ihrer Stoßstange. Krefelder Nummernschild. Halblaut sagte sie dem Dackel die Ziffernfolge auf. Der guckte gleichgültig. Sie beschloss, in die nächste Querstraße abzubiegen. Er fuhr weiter. Sie wendete und wartete. Streichelte Sepp.

Fuhr wieder los, während sie über die Freisprechanlage Hardo anrief.

»Ich werde verfolgt.«

»Was zum Teufel …«

Sie sagte das Kennzeichen auf.

»Wir überprüfen die Nummer. Wo ist die Zeugin?«

»Sie ist untergetaucht.«

»Verdammt, Katinka!«

»Sie hat Angst, kannst du das nicht einsehen? Wie weit seid ihr mit den Herren Vasile und Ramzan?«

»Dicke Fische, zumindest der Moldawier. Kerschensteiner versucht, die transnistrischen Behörden zur Zusammenarbeit zu bewegen, damit die Eltern des Mädchens schnell verständigt werden können. Aber die Kollegen im Osten bestehen auf dem langen Dienstweg.«

»Auf die paar Tage wird es nicht ankommen, Hardo. Der Zeugin wurde schon einmal Schutz versprochen, und niemand hat ihr geholfen. Sie war nur deswegen bereit, die Leiche anzusehen, weil die tote Frau ein ähnliches Schicksal hat.«

»Wir sind auf die Zeugin angewiesen.«

Endlich kam die Abzweigung zur Autobahn.

»Du wirst mit ihr sprechen können. Garantiert. Ich bin gleich auf der A73. Melde mich, wenn ich in Bamberg bin.«

Kaum hatte sie aufgelegt, klingelte Dante an.

»Frau Palfy, irgendwie habe ich gerade eine ziemliche Pechsträhne.«

»Bin ich da involviert?«

»Fanny hatte mir zugesagt, dass ich noch einmal mit ihr sprechen könnte. Um zu sehen, ob eine Story aus dem Ganzen wird. Sie ahnen, Kollege Bockler wird grün und gelb vor Neid werden, wenn ich die Hintergrundgeschichte anrichte.«

»Wo ist der Haken?«

»Fanny blockt mich ab! Und Louis reagiert nicht auf meine Anrufe. Ich bin sogar rausgefahren in die Gartenstadt, zu dieser Ferienwohnung, aber sie behaupten, sie bräuchten erst mal Zeit für sich.«

»Finden Sie das nicht verständlich?«

»Der Rastalockenknabe hat immerhin bei mir gepennt und meinen Wein getrunken. Meinen Sie nicht, er könnte sich zu einem gewissen Grad verpflichtet fühlen zu kooperieren?«

»Wer hat aus meinem Becherchen getrunken?«, neckte Katinka und setzte an, einen Lkw zu überholen.

»Sie wollen mich nicht verstehen. Die Story ist *jetzt* heiß.«

»Heißer, als Sie denken, trösten Sie sich.« Katinka beschloss, Dante einen Fleischbrocken zuzuwerfen. »Ich gebe Ihnen jetzt die Nummer der Rechtsmedizinerin, die unsere Leiche betreut. Dr. Lawitschka.«

»Und? Die finde ich auch im Internet.«

»Wir haben die Identität der toten Frau.«

»Was?« Durch die Leitung konnte Katinka förmlich spüren, wie er aufdrehte.

»Ganz recht. Vermutlich geht es um einen Prostitutions- und Menschenhandelring. Bitten Sie Lawitschka um die nötigen Infos. Mit einem schönen Gruß von mir.«

»Frau Palfy, das vergesse ich Ihnen nicht. Das wird …«

Etwas rumpelte unter dem Wagen. Das Lenkrad ruckte.

»Shit!«

»Was ist los?«

Katinka kam nicht mehr zum Antworten. Der Wagen zog nach rechts. Sie schaltete die Warnblinkanlage an.

»Frau Palfy, was ist denn?«, kam Dantes Stimme aus der Freisprechanlage.

»Ich glaube, ich habe einen Platten.«

»Ach du grüne Neune!«

»Wir telefonieren später.«

Der Dackel kläffte wütend, als sie hart nach rechts lenkte und ruckelnd auf dem Standstreifen zum Stehen kam.

»Du bleibst sitzen!«, wies sie den Hund an und stieg aus. Ein Lkw brauste an ihr vorbei. Das Auto wackelte.

»So ein Mist!«

Beide Reifen rechts sahen mitgenommen aus, der hintere besonders. Das war ja nun allererste Sahne! Wenn nur ein Rad platt gewesen wäre, hätte sie sich mit dem Reifenabdichtmittel behelfen können.

Seltsamer Zufall, zwei Reifen. Sie untersuchte den hinteren und fand einen Krähenfuß im Profil. Augenscheinlich einer, dessen lange Stifte röhrenförmig waren, sodass die Luft auf alle Fälle aus dem Reifen entweichen musste.

Hinter ihr fuhr ein Volvo auf den Standstreifen. Kam nicht ganz nahe heran, ließ gut zehn Meter Abstand. Der Fahrer trug einen Bart und eine Baskenmütze. Er lächelte sie freundlich an, als er ausstieg. Der Typ hätte als Pfarrer durchgehen können.

Katinka brauchte keine Sekunde, um in die Gänge zu kommen. Sie riss die hintere Tür auf, griff nach ihrem Rucksack, schüttete den Inhalt auf die Rückbank. Schwer fiel die Beretta auf das Polster. Sie schnappte sich die Waffe und wirbelte einmal um die eigene Achse, mit der offenen Tür nun zwischen sich und dem Mann. Der Dackel bellte hysterisch.

»Kann ich Ihnen helfen?«

Sein Akzent! Ähnlich wie Larissas, aber doch anders. Dicker, schwermütiger.

»Ich glaube kaum, es sei denn, Sie machen die Sache mit den Krähenfüßen rückgängig.«

Dauerlächelnd kam er näher.

Sie mochte sich täuschen, und diese Begegnung war ein Zufall. Oft fuhr sie auf der Autobahn mehrmals an demselben Wagen vorbei. Man überholte eben oder machte Pause, ließ sich zurückfallen. Er war vielleicht wirklich ein Pfarrer. Es gab mittlerweile fast nur noch ausländische Pfarrer, das hatte neulich die durch übersteigerten Katholizismus auffallende Frau aus dem Nachbarhaus bemängelt.

Der Hund kriegte sich gar nicht mehr ein. Er hopste auf dem Beifahrersitz herum und kläffte, dass der Geifer flog.

»Ihr Hund ist ganz nervös.« Er spähte in den Wagen. Spott spielte um seine Mundwinkel, als er Sepp sah.

»Ramzan Kolesnikow.« Sie ließ es nicht wie eine Frage klingen. Ein Lkw raste vorüber und hupte. Der »Italiener« schwankte.

Der Pseudopfarrer würde sie hier liquidieren und abhauen. Niemand würde sich an ihn erinnern. Wahrscheinlich war das Kennzeichen seines Volvos gefälscht. Oder der Wagen gestohlen.

Er zog eine Waffe; Katinka war schneller.

»Werfen Sie das Ding hin.«

Er verzog kaum die Lippen.

52

Das war nun wirklich ein Witz. Dass eine Frau ihn mit einer Pistole bedrohte. Einer so großen und sperrigen Waffe obendrein. Wahrscheinlich war sie nicht einmal geladen.

Sie schrie ihn an, und er ließ die Hand mit der Waffe sinken.

Anzunehmen, dass die vorbeirauschenden Autofahrer keine Notiz von dem Techtelmechtel auf dem Standstreifen nahmen, aber allzu lang sollte niemand mitten am Tag vor aller Augen mit einer Schusswaffe herumfuchteln.

Er würde sie ablenken und dann schießen. Der Schalldämpfer würde ein Übriges tun. Noch zwei, drei Minuten könnte er sich leisten, bis er die Beine in die Hand nehmen musste. Den Wagen stehen lassen und weg.

Ramzan atmete tief ein. »Sie sollten Ihrem Hund etwas zu trinken geben«, sagte er. Wenn er nur nicht gegen eine Frau kämpfen müsste. Tief drinnen lehnte er das ab.

Im Wagen klingelte ein Handy.

Das war sein Moment. Bestimmt war sie nun unaufmerksam, wenn auch nur für Sekunden. Tatsächlich, sie wendete den Kopf.

Er hob die Pistole und drückte ab. Das Projektil schlug durch die Scheibe der hinteren Tür. Scherben.

Schmerz raste durch ihn hindurch. Brutaler, schwarzer Schmerz. Einer, den er schon einmal kennengelernt hatte. Vor Jahren. Zu Hause. In Tschetschenien. Als jemand seine Schulter angeschossen hatte. Er erinnerte sich genau. Zuerst dachte man, da wäre nichts, nur ein Kratzer, aber wenn man hinsah, blieb einem nichts übrig, als zu erkennen, dass es nun einmal passiert war. Dass man k.o. war.

53

Sie drückte ein zweites Mal ab. Er hielt die Waffe noch in der Hand, und er hatte zuerst geschossen. Sie lag auf der Seite, da, wo sie sich hatte hinfallen lassen, knapp neben der Leitplanke.

Die zweite Kugel streifte seinen Ellenbogen.

Seine Pistole fiel auf den Boden.

Das Handy klingelte unaufhörlich weiter. Katinka rappelte sich hoch, kickte seine Waffe außer Reichweite. Der Dackel hatte aufgehört zu bellen. Sie riss die Beifahrertür auf, er sprang raus und rannte knurrend zu dem Mann, der auf die Knie gefallen war und dessen Sakko von Blut durchtränkt wurde.

Sie nahm den Anruf an, ohne den Mann mit der Baskenmütze aus den Augen zu lassen. Vielleicht hatte er noch etwas in der Hinterhand. Sepp schnüffelte an seinen Schuhen.

»Frau Palfy, ist alles in Ordnung? Haben Sie den ADAC …?«

»Wischnewski, rufen Sie Hardo an. Ich bin in eine Schießerei geraten. Ein Verletzter. Auf der A73 bei Baiersdorf. Sie sollen sich sputen, der Mann blutet ziemlich.«

»Sind Sie wenigstens …«

»Ich bin okay! Rufen Sie Hardo an! Schnell!« Sie beendete den Anruf, immer noch auf ihren Angreifer starrend. Sein Oberkörper kippte nach vorn. Blut tropfte auf den Asphalt. Die Mütze rutschte ihm vom Kopf und fiel daneben. Etwas Felliges plumpste darauf.

Katinka lachte auf. Ein Haarteil.

»Ramzan Kolesnikow, ich wusste gar nicht, dass Killer Toupet tragen.«

12.4.2018

54

Es hatte Fanny alle Überzeugungskraft gekostet. Am Ende war Louis einverstanden.

»Nur ein Frühstück. Ich muss mich irgendwann mit ihr aussprechen.« Sie zog ihre Jacke an.

»Sie wickelt dich wieder in ihr Netz«, widersprach Louis, aber er hatte den Widerstand aufgegeben, sie sah es an der Art, wie seine Lider flatterten. Er gab nach.

»Sie ist meine Mutter. Es ist eine Sache zwischen uns beiden.«

Er nahm sie in die Arme. »Wir müssen zurück, Fanny. Möglichst bald. Ich habe einen Job! Und meiner Schulleitung muss ich erklären, dass du nicht tot bist.«

Fanny zuckte zusammen.

»Wenn Ruth versucht, alles kleinzureden«, fuhr Louis fort, »denk dran, dass sie dich für tot hat erklären lassen.«

Fanny küsste ihn. »Das kann kein Mensch vergessen.«

Louis brummte etwas. Er war nicht überzeugt. Sie konnte es ihm nicht verdenken.

»Ich habe dich nie geschlagen!«, fügte er hinzu. »Und werde es nicht tun.«

»Als wenn ich das nicht wüsste.« Fanny griff nach ihrer Tasche. »Bis später.«

»Warte. Wollen wir uns in zwei Stunden im Zentrum treffen? In einem Café?«

»Unbedingt. Auf der Oberen Rathausbrücke. Da gibt es mehrere. Such dir eins aus. Bei dem Wetter kann man bestimmt draußen sitzen.«

»Mach's gut, Darling!«

Fanny zog die Tür hinter sich zu und schwang sich aufs Rad. Auf dem Weg in die Innenstadt sortierte sie noch einmal ihre Themen. Sie würde ein für alle Mal klären, dass sie von Ruth keine Unkenrufe bezüglich ihrer Ehe mehr hören wollte. Es ging ihr um die Zukunft. Was geschehen war, vermochte sie ohnehin nicht mehr zu ändern. Wahrscheinlich hatte Louis recht: Sie mussten weg aus Melbourne, am liebsten an die Westküste. Weit genug von Ruth entfernt. Sobald sie in Australien wären, würde Louis nach Jobs sehen.

Der Tag begann sonnig, doch ein kalter Wind fegte. Fanny hatte das Gefühl, jemand hielte das Rad hinten fest, so energisch musste sie in die Pedale treten, um vorwärtszukommen. Als sie die Innenstadt erreichte, kämpfte sie sich den Domberg hinauf. Oben angekommen studierte sie den Stadtplan und stellte fest, dass sie falsch lag. Also rollte sie wieder ins Tal und nahm den Stephansberg in Angriff. Ziemlich bald stieg sie ab und schob. Als sie endlich die Abzweigung zu der kleinen

Straße erreichte, wo Ruths Ferienwohnung lag, war sie völlig durchgeschwitzt.

»Da bist du ja.«

»Da bin ich.« Fanny stand auf der Schwelle wie ein Eindringling. Was will ich hier? Sie konnte sich kaum vorstellen, mit der zerfledderten Frau vor sich in einer Kabine auf einem Kreuzfahrtschiff verbracht zu haben. Ruths sonst so umsichtig zurechtgemachte Frisur bestand jetzt aus am Ansatz grau nachwachsenden, fettigen Strähnen. Ihre Lider waren geschwollen, das Gesicht blass, auf ihrer Oberlippe hatte sich ein krustiges Bläschen breitgemacht. Sie trug kein Make-up, steckte in Jeans und einem Pullover mit einem dicken Fleck auf der Brust. Ihre Mutter je so vernachlässigt gesehen zu haben, konnte Fanny sich nicht erinnern.

Wortlos ging Ruth voraus. Die Wohnung bestand aus einem großen Zimmer mit Küchenzeile, einem Sofa und einem klobigen Tisch und einem kleineren Raum. Die Tür stand offen. Fanny sah das ungemachte Bett.

»Setz dich.« Ruth ließ sich auf einen Stuhl am Tisch sinken. »Was willst du?«

»Ich denke, das sollte dir klar sein.«

»Sollte es?«

Plötzlich fühlte Fanny sich überfordert. Sie hatte sich Argumente zurechtgelegt, die nun schnell verblassten, sodass ihr Gedächtnis nichts als Leere zu bieten hatte.

»Was du getan hast, ist unentschuldbar«, brachte Fanny vor und spürte instinktiv, dass sie am falschen Ende anfing.

»Es tut mir leid.« Ruth räusperte sich. Auf ihrem weißen Gesicht machte sich eine leichte Röte breit. »Ich stand unter Schock. Sah diese Leiche. Die Figur stimmte, das Haar ... mein Denken schaltete auf Autopilot. Ich hatte solche Angst. Kannst du das verstehen, Fanny? Kannst du?«

»Ja«, begann Fanny. Der zweite Fehler. Sie wollte weitersprechen, wenigstens mit einem »aber«, doch danach fiel ihr nichts ein, und sie schwieg.

»Du hast recht, es war unentschuldbar. Ich dachte wirklich, dass du das warst!«

»Was ich dir nicht glaube.«

»Du hast selbst die Weichen in eine schlechte Richtung gestellt, junge Dame! Wir hatten ausgemacht, in Verbindung zu bleiben, aber du hast dich tot gestellt. Hätte ich dich erreichen können ...«

»Schieb mir jetzt nicht die Schuld in die Schuhe.«

»Du warst einverstanden mit unserem Plan.«

»Es war dein Plan. Und ich war nicht einverstanden.«

»Ich bitte dich, du hast mitgemacht!«

»Ich habe mitgespielt, damit ich endlich meine Ruhe habe, verdammt noch mal!«, schrie Fanny. Der Ärger brach sich Bahn. Noch ein Fehler.

»Nun beruhige dich. Wenn du ehrlich bist, weißt du, dass du Unsinn redest.«

Sie drängt mich wieder in die Ecke für das unartige Kind, dachte Fanny in Panik. Sie war in diesem Gespräch, wie in allen, die sie je mit Ruth geführt hatte, unterlegen, und sie spürte es. Es war ein Fehler gewesen, ohne Louis hierher zu kommen. Er hätte die Unterhaltung in die richtige Richtung gelenkt.

»Mom. Ich möchte ein für alle Mal, dass du deine Feindseligkeiten gegenüber Louis beendest. Ich bin nicht mehr bereit, mit dir über meine Ehe oder meinen Mann zu diskutieren. Wir sind verheiratet und Punktum.«

Ruth seufzte leise. Sie betrachtete ihre Hände. Abgesplitterter Nagellack, fiel Fanny auf. Und die Finger geschwollen rund um die vielen Ringe.

»Wenn du nur verstehen würdest, worum es mir geht. Ich habe einen entsetzlichen Fehler gemacht. Ich …«

»Die Geschichte von meinem unzuverlässigen Vater hast du mir oft genug erzählt. Ich mache meine eigenen Fehler.«

»Nun gut. Wobei …« Ruth blickte kurz Fanny an, dann wandte sie den Kopf und starrte aus dem Fenster.

Bitte keine Krokodilstränen, flehte Fanny.

»Du bist wirklich sehr egoistisch geworden, weißt du das?«

»Ich bin nicht egoistisch.« Eine Trotzreaktion wie von einem Teenager, dachte Fanny. Sie kam einfach nicht gegen Ruth an. Nicht rhetorisch. »Ich wünsche mir eine Veränderung in unserem Verhältnis. Zwischen dir und mir, Mom. Ich möchte, dass du von den Vorwürfen absiehst, die du auf Louis und mich abfeuerst.«

»Ich mache euch wirklich keine Vorwürfe! Das interpretierst du vollkommen falsch. Ach Fanny, wenn du nur nicht immer so überreagieren würdest!«

Fanny spürte ein feines Bitzeln über ihren Augen. Wut stieg in ihr auf. Rote Wut.

»Dies ist ein neuer Lebensabschnitt, Mom«, erwiderte sie so ruhig wie möglich. »Ein Lebensabschnitt, der frei von Anfeindungen und Gehässigkeiten deinerseits ist. Das ist die Regel, die gilt. Ich kehre nicht in das alte Muster zurück. Louis und ich werden mittelfristig aus Melbourne wegziehen. Das ist sicher das Beste. Wir brauchen Abstand. Und du hast auch ein eigenes Leben.«

Sie stand auf. Ihr Kopf schmerzte jetzt. Sie ging zur Tür.

»Fanny! Warte doch!«

»Ich habe mich entschieden. Deine Vorhaltungen machen mich ganz krank.«

»Du bist doch meine Tochter! Wir gehören zusammen, Fanny.«

»Ich möchte nicht, dass du dich weiter in unser Leben einmischst.«

Fanny hatte bereits die Klinke in der Hand, als sie sich umdrehte. Sie sah ihrer Mutter ins zerfurchte Gesicht. In die sorgenvolle Miene, die sie so gern aufsetzte. Irgendetwas zwischen Missbehagen und dem ewigen Versprechen: Ich bin doch deine Mama.

Fuck!

»Warte, Fanny. Bitte. Nur einen Augenblick.«

Die Tür stand jetzt einen Spalt offen. »Was ist?«

»Lass uns … lass uns Frieden schließen.«

Der Fluchtinstinkt ließ Fanny die Tür sperrangelweit aufreißen. Sie setzte einen Fuß über die Schwelle.

»Lass uns heute Abend was trinken gehen. Wir drei. Louis, du und ich.«

Ich sollte gehen. Ich sollte gehen. Ich sollte gehen.

»Wann?«

Es handelte sich um eine mechanische Reaktion. Bloß eine Rückfrage.

»Sagen wir, um acht?«

Fanny räusperte sich. »Ich frage Louis, ob er Lust hat.«

»Es gibt einen Pub in der Sandstraße, da wird Livemusik gespielt. Das interessiert ihn sicher.«

Fanny stieg die drei Stufen zur Straße hinunter.
»Fanny? Um acht? Im Liveclub?«

55

»Larissa ist bei Lore Lawitschka in Sicherheit!« Katinka rutschte auf dem unbequemen Besucherstuhl in Hardos Büro herum. »Ich bin hundemüde. Lass uns heimgehen.«
»Du kannst gehen. Ich bleibe noch. Wir sind ganz nah dran.«
Katinka war nach den Aufregungen des Tages und den Befragungen und Protokollen infolge der Schießerei total ausgelaugt. Am liebsten hätte sie sich unter Hardos Schreibtisch zusammengerollt, um eine Mütze Schlaf zu bekommen.
»Vasile Leanu ist bei den Kollegen in Düsseldorf in Gewahrsam. Wenn Kolesnikow die Wahrheit sagt, hat Vasile Dina umgebracht. Aus Wut, weil sie zwei Nächte hintereinander bestimmte Sexpraktiken verweigert hat.«
»Genauer will ich es gar nicht wissen!« Gedankenverloren kraulte Katinka Sepp, der es sich neben ihrem Stuhl bequem gemacht hatte, nachdem er sich im Laufe der letzten Stunden von beinahe jedem Mitarbeiter in Hardos Abteilung Streicheleinheiten abgeholt hatte.

»Mir wäre es lieber, wenn wir uns selbst um Larissa kümmern könnten.«

»Wie gesagt, Lore hat sie unter ihren Fittichen.«

»Duzt ihr euch schon?«

»Sei nicht streitsüchtig.«

»Ich bin nervös. Sie ist eine extrem wichtige Zeugin.« Hardo persönlich war nach Erlangen gefahren, um mit Larissa zu sprechen. »Sie hat ausgepackt. Weiß von mindestens zwei weiteren Morden. Wenn wir das alles wasserdicht kriegen, kassieren wir diesen Vasile ein. Lebenslänglich.«

»Das ist wie bei Fußpilz. Hast du einen vernichtet, kommt sofort der nächste.« Katinka ärgerte sich über ihren eigenen Defätismus. Andererseits hatte sie im Nachgang zu nervenaufreibenden Ermittlungen oft erlebt, dass entweder der Prozess platzte oder ein Täter zwar bestraft, aber sofort von einem anderen ersetzt wurde. Meistens von einem, der die Aktivitäten des ersten clever erweiterte.

»In diesem Fall stehen die Karten gut. Die Kollegen in Nordrhein-Westfalen sagen, Leanus Wohnung sei vollgestopft mit Aufputschmitteln und Koks. Das könnte die extreme Gewalt erklären, mit der er auf Dina eingeschlagen hat. Außerdem ist schon abgeglichen, dass die Farbpartikel in ihrer Kopfwunde mit der zusammenpassen, die in der besagten Wohnung in der Austraße verwendet wurde, um die Türrahmen zu streichen. Dina wurde definitiv in der Wohnung zusammengeschlagen.«

»Weiß eigentlich Larissas Mann Bescheid?«

»Natürlich, wir haben ihn verständigt. Er wollte heute noch nach Erlangen fahren, um seiner Frau beizustehen.«

Katinka stand auf. Beim Gähnen knackte ihr Kiefer. »Ich mache mich auf den Weg.« Der Dackel spitzte die Ohren.

Hardo kam um seinen Schreibtisch herum. »Alles in Ordnung? Kommst du klar?«

So in Ordnung, wie es an einem solchen Tag sein kann, dachte Katinka müde. Nicht, dass ihr Kolesnikow leidtat. Der wahrscheinlich dank der Schmerzmittel ohnehin kaum litt. Nicht an den Wundschmerzen.

»Ich komme zurecht.«

Er stand vor ihr. Sie lehnte den Kopf an seine Brust. Fühlte seinen Herzschlag und die Hitze, die von seinem Körper ausging.

»Du bist immer noch ziemlich angeschlagen«, sagte sie.

»Die paar Viren kriege ich schon klein.«

Sie lachte. Seine Umarmung tat ihr gut. Sie hätte ewig so dastehen können, aber ihr zitterten die Knie, und sie spürte, dass Hardo in Eile war. Ihn juckten die Finger – er wollte vorstoßen zu der ganz großen Sache.

»Kolesnikow ist nur ein Handlanger?«, fragte sie.

»Er stellt sich als solchen dar. Ziemlich widerstandsfähiger Knochen. Wir haben ein Dossier über ihn angefordert. Er hat sich in einem der Tschetschenienkriege den Separatisten angeschlossen und gekämpft. Bei seiner Einreise nach Deutschland Jahre später stellte er sich als politisch verfolgt dar.«

»Er ist zu gewitzt für den ewigen Handlanger. Denkt zu selbstständig. Ich konnte ihn ganz leicht abhängen. Zuerst. Zu leicht. Das hätte mir zu denken geben sollen.«

»Du hast es gemeistert.« Hardos Umarmung wurde fester. »Gut gemacht, Palfy.«

Die alte Anrede. Die von früher, als sie noch kein Paar waren. Als jeder Dialog, jedes Telefonat geflirrt hatte vor Andeutungen, Gefühlen, unterschwelligen Erwartungen, die sich keiner von ihnen beiden eingestand.

»Na dann, Kommissar!« Sie löste sich aus seinen Armen. »Ich mache mich vom Acker.«

»Wo steckt eigentlich Wischnewski?«

»Ich schätze, der schreibt den ersten Teil einer wahnsinnigen Geschichte.«

»Mit deinen Exklusivinformationen?« Hardo sah skeptisch drein.

»Stück für Stück. Morgen berichtet der ›Fränkische Tag‹ ausschließlich über die Schießerei an der Autobahn. Und anschließend wird Wischnewski seinen missliebigen Kollegen Bockler mit Hilfe von Folgeinformationen ganz langsam ausbooten.«

»Das Durchhaltevermögen dieses Reporters muss ich bewundern. Der Mann weiß sich festzubeißen.«

»Da habt ihr was gemeinsam!« Katinka grinste. »Also bis später! Auf geht's, Sepp!«

56

Fanny betrat den Liveclub. Louis hatte sein Banjo dabei. Nur für den Fall. Wider Erwarten freute sie sich auf den Abend. Im Grunde war das Gespräch mit ihrer Mutter alles in allem ersprießlich gelaufen. Sie hatte ihren Standpunkt klargemacht. Sollte kommen, was wollte. Sie würden auf alle Fälle wegziehen. Louis hatte für morgen Abend einen Flug zurück nach Australien gebucht, und sobald sie zu Hause wären, würde sie anfangen mit der Stellensuche an der Westküste. Möglichst weit weg von Melbourne, die Stadt war ohnehin so teuer geworden.

Als sie sich in dem stickigen Gastraum einen Tisch suchten, tat es ihr beinahe leid, Deutschland verlassen zu müssen.

»Unser letzter Abend«, sagte sie zu Louis. »Den genießen wir, was?«

»Klar. Zwei Bier!«, rief er zur Theke.

»Wo bleibt nur Mom?«

»Die taucht garantiert auf.« Louis war wieder ganz der Alte. Entspannt. Durch und durch die Ruhe selbst.

Ein Schlagzeuger machte sich auf der Bühne an seinem Instrument zu schaffen. Jemand mit einer E-Gitarre kam hinzu. Der Pub war schon zu mehr als zu zwei Dritteln gefüllt. Ungeachtet dessen spürte man, dass der Abend für die Stammgäste und die Musiker längst nicht richtig begonnen hatte.

Eigenartig, dass meine Mutter so eine Kneipe ausgesucht hat, dachte Fanny. Ein ungutes Gefühl beschlich sie.

Zudem hatte sie zwei Stunden am Nachmittag mit diesem Reporter gesprochen, der seine Absicht, eine Story aus ihrem Abenteuer in Bamberg zu machen, partout nicht aufgeben wollte. Schließlich hatte sie zugestimmt. Unter der Bedingung, dass sämtliche Namen und die Stadt, aus der sie stammte, verändert werden mussten. Von seinen Fragen war sie wie gerädert. Sie konnte ihm einfach nicht erklären, weshalb sie sich auf Ruths Plan eingelassen und ihn auf eigene Initiative hin sogar abgewandelt hatte.

»Kinder, seid mir gegrüßt!«

»Guten Abend, Ruth«, erwiderte Louis förmlich.

»Hi, Mom.«

»Gefällt euch der Laden? Ich dachte, das ist ein Pub nach deinem Geschmack, Louis.«

Louis verzog keine Miene. Fanny seufzte innerlich. Die übliche Intention hinter einer solchen Aussage ihrer Mutter war letztlich, dass sie damit ausdrücken wollte, Louis' Geschmack zu missbilligen. Zu Hause besuchte Ruth niemals Pubs dieser Art. Wenn sie ausging, bevorzugte sie teure Restaurants, in denen die Prominenz Melbournes verkehrte. Sie wollte gesehen werden. Signalisieren: Ich kann es mir leisten, in einem solchen Lokal zu essen.

Meine Güte, dachte Fanny. Wie krank das alles ist.

»Auch ein Bier?«, fragte sie in Ruths Richtung.

»Schau mal, ob sie für den Anfang ein Tonic haben.«

Louis kümmerte sich um die Bestellung.

»Auf die Musik bin ich wirklich gespannt«, sagte Ruth. Sie hatte ihr Haar gewaschen und ordentlich frisiert, Schmuck angelegt und Make-up benutzt. Geschmackvoll, als wollte sie zur Arbeit gehen. Zu den Edeljeans trug sie ein Seidenshirt und einen Blazer. Aus der Klientel des Pubs stach sie heraus wie ein Bestatter in einem Zirkuszelt.

»Wir reisen morgen ab«, berichtete Fanny. »Nur, dass du Bescheid weißt.«

»Ich fliege in zwei Tagen zurück. Also betretet ihr beide zuerst Heimaterde.«

»Bezeichnest du tatsächlich Australien als deine Heimat?«

»Aber sicher! Alles, was ich bin, habe ich mir dort erarbeitet. Nicht hier.«

»Also fällt dir der Abschied von Deutschland nicht schwer?« Fanny fand es zunehmend anstrengend, die Konversation aufrecht zu halten. Irgendwie kam ihr das Gespräch künstlich vor.

»Ein wenig schon, das gebe ich zu. Und dir?«

Fanny unterdrückte ein Auflachen, das in seiner Hässlichkeit die mühevoll aufgebaute Höflichkeit wahrscheinlich sofort zertrümmert hätte. »Nein, nicht die Bohne.«

»Dein Deutsch ist besser geworden.«

Fanny zuckte die Schultern, froh, dass Louis mit dem Tonic zurückkam.

Sie stießen an.

»Ich habe mich kurz mit den Musikern unterhalten. Geht in einer halben Stunde los.«

»Wunderbar!« Ruth klatschte in die Hände. »Du kannst dich ihnen vielleicht anschließen!«

Fanny fing Louis' überraschten Blick auf. Kaum merklich zuckte sie die Achseln. Sie hatte wirklich nicht damit gerechnet, dass Ruth so auf Frieden aus war. Sie schien tatsächlich bereit, das Kriegsbeil zu begraben.

57

Sie hatte knapp zwei Stunden wie ein Stein geschlafen. Traumlos. Eine Erlösung! Als sie vor ein paar Stunden in ihr Bett gesunken war, hatte sie kurz die Angst vor einem Albtraum gestreift. Kolesnikows Haarteil, das Blut, der Schalldämpfer auf seiner Waffe, ideale Requisiten, um den Schlaf vieler Nächte in Scheiben zu schneiden.

Während sie in der Dunkelheit lag, leises Lachen und Musik von unten aus der Wohnung der Studenten hörte, Signale eines unbeschwerten Lebens, gingen ihr die Ereignisse des Tages durch den Kopf. Sie konnte nur hoffen, dass Larissa mit allem zurechtkam und nicht wieder in letzter Minute ihre Aussage zurückzog. Allerdings würde ihr weiteres Leben geprägt sein von der Angst, früher oder später von Gewalt und Verachtung eingeholt zu werden. Menschen wie Larissa würden immer auf der schwächeren Seite sein. Selbst ein Zeugenschutzprogramm, eine neue Identität konnten daran nichts ändern.

Wenigstens war sie aus dem Prostitutionsgeschäft rausgekommen, dachte Katinka, während sie die Beine aus dem Bett schwang. Hat Glück gehabt. Hat geheiratet und damit gleichzeitig Papiere bekommen, um in Deutschland zu leben. Durstig tappte sie in die Küche und ließ Wasser in ein Glas laufen. Wie schaffte man es als Mann, eine Frau wie Larissa aus dem Milieu herauszukaufen?

Sie spürte den kalten Boden unter den Socken. Sepp, dem sie eine alte Decke in die Küche gelegt hatte, sprang auf und kam mit klickenden Pfoten zu ihr. Sie füllte seinen Napf mit Wasser.

Rauskaufen?

Sie suchte ihr Handy. Drückte Hardos Kurzwahl.

»Katinka? Was ist los?« Die alte Sorge in seiner Stimme. Doch diesmal musste sie nicht ihr gelten.

»Hardo, wir haben was übersehen. Larissas Ehemann. Was ist das für einer?«

»Peter Glaser. Arbeitet im Finanzamt.«

»Besoldung?«

»Schätze A13, A14, er ist Anfang 30. Wieso?« Dann dämmerte es ihm. »Schande!«

»Genau. Wo ist er jetzt?«

»Bei Larissa.«

»Und Lore?«

»Ich mobilisiere die Erlanger Kollegen.« Er legte auf.

Katinka wählte Lore Lawitschkas Nummer. Nur die Mailbox meldete sich.

»Lore, bringt euch in Sicherheit. Larissas Mann …«

Ihre Türklingel ging. Der Hund machte leise »Wuff«. Katinka ließ das Handy sinken. Sie warf einen Blick auf die Monitore, die den Hof und die Haustür zeigten. Ein Mann stand da, durchschnittlich groß, mit weiten Cargojeans und einem Anorak, die Kapuze in die Stirn gezogen.

Sie schlüpfte in ihre Sneakers. Schnappte ihren Rucksack. Ihre Beretta durchlief bei der Polizei augenblicklich diverse Tests, aber sie besaß seit ein paar Monaten eine Parabellum für Fälle wie diesen. »Pass auf das alles hier auf, Sepp«, flüsterte sie dem Hund zu, der aufgeregt mit dem Schwanz wedelte. Schnell griff sie nach dem Komplettschlüsselbund fürs Haus, zog die Tür hinter sich zu.

Sie hörte Sepp winseln, als sie die Treppen zu Dantes Wohnung hinauftappte. Vorsichtig klopfte sie. »Wischnewski? Sind Sie zu Hause?«

Niemand rührte sich. Wahrscheinlich kochte Dante in der Redaktion vergnügt sein Giftsüppchen für Bockler.

Katinka schob den Schlüssel ins Schloss und schlich in die Wohnung.

»Wischnewski?«

Tiefe Stille. Sie ging ins Wohnzimmer. Dante hatte einen alten Mercedesrückspiegel am Fenstersims angebracht, um sehen zu können, wer klingelte. Immer noch stand der Mann im Anorak da.

Katinka wählte Hardos Nummer.

»Jemand will bei mir rein, Hardo.«

»Wer?«

»Keine Ahnung. Ich bin oben bei Dante.«

»Ich schicke jemanden vorbei.«

»Ich haue übers Dach ab.«

Sie legte auf. An der Dielendecke befand sich die Luke, die zum Dachboden führte. Katinka ließ die Leiter herunter und kletterte hinauf. Die Dachfenster waren gerade breit genug, um sie durchzulassen. Sie stemmte sich hoch und rutschte über die Ziegel zum First. Die Dunkelheit umfing sie wie ein verschwörerisches Blinzeln des Universums. Sie zwang sich, nicht nach unten zu sehen, als sie vorsichtig Richtung Nachbardach kroch.

Im Hof flammte Licht auf. Also verließ der Besucher das Areal, wobei er die Bewegungsmelder auslöste. Katinka hielt inne. Sie lauschte auf Schritte, aber der Mann bewegte sich zu leise. Ein Profi.

58

Louis tobte sich auf der Bühne aus. Er sang zuerst »Waltzing Mathilda«, den australischsten aller Songs, und Musiker wie Gäste sangen und summten mit und applaudierten wir die Verrückten. Fanny hatte das Volkslied um einen Landstreicher, der ein herrenloses Schaf einfängt und dafür von der Polizei verhaftet werden soll, worauf er sich das Leben nimmt, nie besonders gemocht. Sie hielt das Diktum »lieber tot als unfrei« für völlig überzogenen Unsinn und die Mär vom »Jolly Swagman«, dem vergnügten Vagabunden, für hilflose Romantik. Als dürfte es keinen Mittelweg geben, keine Verantwortung irgendwo zwischen totaler Freiheit und Tod. Dennoch freute sie sich für Louis, der nach dem Stress der letzten Tage wahrlich ein wenig Entspannung und Fröhlichkeit verdient hatte. Seine Lebensphilosophie ist durchaus die eines ›Jolly Swagmans‹, dachte sie lächelnd. Sie genoss die heitere Stimmung im Pub. Die Musiker griffen wieder nach ihren Instrumenten und spielten »Chattanooga Choo Choo«.

»Hey, lass uns tanzen!« Louis tauchte hinter Fanny auf. Die meisten Gäste schwoften schon.

»Jetzt?«

»Wann denn? Morgen im Flieger?«

Fanny lachte und kuschelte sich an Louis. Während sie im Getümmel swingten, sah Fanny aus den Augenwinkeln ihre Mutter am Tisch sitzen. Ruth winkte zu ihnen herüber, doch im nächsten Augenblick schoben sich andere zwischen Fanny und ihren Tisch, und sie konnte ihre Mutter nicht mehr sehen.

»Relax, Darling!«, flüsterte Louis ihr ins Ohr.

Es war heiß im Pub. Schweiß lief ihr übers Rückgrat. Ihre Jeans klebten an den Oberschenkeln. Das war schön. Sie warf den Kopf zurück. Sie war jung, verdammt, sie würde früher oder später einen Job finden, und wenn sie und Louis erst einmal in Perth lebten, viele Tausend Kilometer von Ruth entfernt, würde sich ihr Verhältnis neu einpendeln. Abstand schadete nie. Sie hatte ihre Mutter bereits in ihre Pläne eingeweiht und …

»Relax! Darl!« Louis' Stimme schnurrte samtweich.

»Ich entspanne mich ja schon.«

»Echt?« Er lachte.

»Du bist extrem gut drauf.«

»Du nicht?« Er funkelte sie spöttisch an. »Selbst schuld.«

Fanny versuchte, sich wieder in den Rhythmus der Musik zu schmiegen, aber ihr kam die Leichtigkeit abhanden, die sie eben noch gespürt hatte. Sie presste ihr Gesicht an seine Schulter.

»Es wird Zeit, dass wir hier wegkommen!«, murmelte sie.

»Tun wir ja, Süße. Morgen um diese Zeit schweben wir schon über den Wolken.«

Irgendwie wurde sie das Gefühl nicht los, dass etwas dazwischenkommen würde. Wahrscheinlich nur die alte Angst, die Dinge nicht unter Kontrolle zu kriegen.

Sie schielte zu Ruth hinüber. Sie saß nicht mehr am Tisch.

Die Musiker legten einen fließenden Übergang zu »Sing, sing, sing« hin. Eine blonde junge Frau, fast einen Kopf kleiner als Fanny, hüpfte begeistert neben ihnen auf und ab und schüttelte ihren Pferdeschwanz, dass die Strähnen wie ein Heiligenschein um ihren Kopf schwebten.

»Wo ist Mom?«, fragte Fanny.

»Sie musste mal?«, schlug Louis vor.

Fannys Körper versteifte sich. Ganz von selbst. Sie konnte nichts dagegen tun.

Louis ließ sie los. Er sprang nun herum wie ein Derwisch, drehte sich, schüttelte seine Dreadlocks. So kannte sie ihn. Der Ausflipper. Ein Lächeln stahl sich in ihre Mundwinkel. Wenn sie doch auch so tanzen könnte wie er. So abschalten. Jemand rempelte sie an. Sie wurde auf einen Mann mit einem Tarzan-Tattoo auf dem kahlen Schädel zu gestoßen.

»Sorry!«, murmelte sie.

Der Typ grinste, packte sie bei den Schultern und drehte sie zweimal um die eigene Achse.

Fanny musste lachen. Sie lachte. Und lachte. Und schrie »sing, sing, sing« mit. Wie alle anderen. Die Lautstärke wurde hochgedreht. Schweißtropfen spritzten.

»I got rhythm, Leute!«, schrie jemand.

Musik. Rhythmus. Tonfetzen. Schweiß. Hitzewellen, die durch die Menge wogten. Körper. Fliegende Arme, tretende Beine. »Relax, Darl!« Fanny tobte mit. Wenn sie es jetzt nicht lernte, wann dann? Einfach den Schalter umlegen. Dieses ewige Denken, die Sorgen, das Abwägen, das Parallelprogramm, das ihr Gehirn immerzu in Atem hielt – abschalten. Das blonde Pferdeschwanzmädchen tauchte neben ihr auf. Sie drehte sich wie ein Kreisel.

Es gelang. Fanny vergaß Australien, die anstehende Wohnungssuche, die To-do-Liste, die sie im Geist schon angefangen hatte. Der Gedanke an Ruths Sinneswandel schien sich in nichts als dünnen Nebel aufzulösen.

»Let's dance!«, brüllte jemand neben ihrem Ohr.

Das Licht wurde gedimmt. Blitzreflexe jagten durch die Menge. Fanny schloss die Augen. So machte Louis das also. Tanzen, bis das Licht ausging. Sie musste lachen. Womöglich war es ganz leicht. Das mit dem Reset-Schalter. Sie blinzelte.

»Cool, oder?«, schrie das blonde Mädchen.

»Cool!«

Fanny warf den Kopf in den Nacken, streckte die Arme aus, drehte sich. Streifte andere, spürte schweißnasse Shirts, Haare, Haut. Tanzen.

Bis das Licht ausgeht.

Stattdessen ging das Licht an.

Die Musiker gerieten aus dem Takt. Die Songs wackelten, jemand drehte den Verstärker aus. Nur noch die Trommelschläge des Schlagzeugers waren zu hören, bis auch der die Sticks sinken ließ.

»Polizei. Keiner verlässt den Raum!«

Die Menge ächzte.

»Wer von Ihnen ist Louis Chatwin?« Das Englisch des Polizisten war beinahe unverständlich. Dennoch sackte Fanny das Blut in die Füße.

»Louis?«, wisperte sie. Endlich fand ihr Blick ihn. Er stand direkt an der Bühne, neben sich der Kahlkopf mit dem Tattoo.

»He, was soll das!«, moserte der.

»Louis Chatwin?«, sagte der zweite Polizist. Ein Bär von einem Mann.

»Hier«, antwortete Louis und ging auf die zwei Beamten zu.

»Mach das nicht«, quietschte jemand.

»Die ziehen den sowieso raus. Ausweiskontrolle«, knurrte ein anderer.

Die Stimmung kochte, »Scheißbullen«, war zu hören. Fanny boxte sich zu Louis durch. Gemeinsam standen sie vor den beiden Polizisten.

»Was ist denn los?«, fragte Louis auf Englisch.

»Kommen Sie einen Moment mit raus? Wir würden uns gern mit Ihnen unterhalten.«

Fanny sah kurz zu ihrem Tisch zurück. Ruth saß da, mit verwirrtem Gesichtsausdruck. Sie machte keine Anstalten aufzustehen.

»Sie brauchen wir nicht«, sagte der bärige Beamte und wollte Fanny zurückhalten.

»Er ist mein Mann!«, protestierte sie.

»Von mir aus.«

Die Beamten geleiteten sie aus dem Pub.

59

Larissa hoffte so sehr, dass Peter schnell käme. In dem Institut fühlte sie sich schrecklich fremd. Zwar saß sie in Lore Lawitschkas freundlich eingerichtetem Büro voller Bücher und Grünpflanzen, nichts erinnerte hier an die grässliche Arbeit, der die Frau nachging. Dennoch fühlte sie sich ängstlich und einsam.

Sepp fehlte ihr. Stets klebte der Hund an ihrer Seite, ein Gefährte für alle Lebenslagen. Hoffentlich kümmerte sich die Detektivin um ihn.

Lore Lawitschka hatte Pizza für sie beide bestellt und eine Flasche Wein entkorkt. Larissa blieb lieber beim Wasser. Die beiden Frauen hatten schweigend gegessen, nun erinnerten nur noch die leeren Pizzakartons an die schnelle Mahlzeit.

Wo blieb nur Peter?

Die Rechtsmedizinerin war wieder in ihrem Seziersaal verschwunden. Dies war wirklich der allerletzte Job, den Larissa sich aussuchen würde. Nun gut, der vorletzte. Sie wischte sich über die Stirn. Wenn sie Peter nicht getroffen hätte … Peter, der brave Peter, der so erschüttert war über ihr Schicksal.

Peter mit seinem Schreibtischjob. Wäre er damals nicht der Einladung gefolgt, auf dieser Fortbildung in Nürnberg, hätte er Larissas Welt nie kennengelernt. Sein Vorgesetzter wollte seinen Leuten das schnelle Vergnügen bieten, damit sie sich nach einem harten Seminartag erholten. Mit einem Mal schien all das Larissa unendlich lange her.

Sie trank einen Schluck Wasser. Beinahe würde sie lieber bei Lore Lawitschka im Seziersaal sitzen, als hier allein in diesem Büro. Sie hatte Angst. Die Einsamkeit multiplizierte die Furcht, die aus allen düsteren Winkeln ihrer Vergangenheit gekrochen kam. Sie hatte sich so auf das neue Haus gefreut. Mit Garten, Terrasse und allem Pipapo. Sie hatte sich mit einem Gemüsegarten gesehen, geträumt davon, wie sie Tomaten und Gurken zog. Zu Hause besaßen alle eine Datscha mit einem Garten. Einfach, um zu überleben. Dort ging es um den immerwährenden Geldmangel. Den Hunger der frühen Unabhängigkeitsjahre hatten sie hinter sich gelassen, aber da waren trotz allem die Arztkosten, die man sich nicht leisten konnte, und der Strom wurde einem abgestellt, wenn man nicht rechtzeitig bezahlte, im Winter war das Gas oft knapp. Larissa wollte nicht dorthin zurück. Als Verliererin schon gar nicht. Als eine, die man weggeworfen hatte, weil sie nicht mehr taugte für das Großartige, um dessentwillen man sie einst nach Deutschland geholt hatte. Keiner in ihrer Familie machte sich Gedanken darüber, was ihr widerfahren war. Denn zu Hause in Transnistrien glaubte man, sie arbeite in einem großen Hotel. Habe sich von der Empfangsmitarbeiterin zur Chefin der Rezeption hochgearbeitet. Dieses Märchen schmückte Larissa bei ihren seltenen Mails nach Hause aus. Sehr zurückhaltend, man kannte sie nicht als Prahlhans. So war es am glaubwürdigsten, ab und zu ein Lebenszeichen. Ein »Hallo, wie geht's? Mir geht's gut.«

Die Umstände ihrer Herkunft hatten sie zu dem gemacht, was sie geworden war. Machtlos war sie durch die politischen Katastrophen und eine falsche Entscheidung in ihr Verderben geschlittert. Die Vergangenheit ließ sich nicht mehr ändern, aber niemandem wollte sie erlauben, an ihrer Zukunft herumzupfuschen.

Keiner zu Hause wusste, dass sie geheiratet hatte. Dabei würde sie so gern einmal mit Peter in ihre Heimat fahren. Leider war das kompliziert, Transnistrien war ein Überbleibsel aus einem Spionagefilm, eine Kulisse, ein aus der Zeit gefallener Landstrich. Peter hatte klargemacht, dass ihm eine Reise in diesen Sowjetanachronismus nicht behagte. Sie konnte es ihm nicht verübeln, kein Mensch, der bei klarem Verstand war, würde sich für so einen Ort erwärmen. Wenn sie ehrlich war, stellten weder Ribniza noch das Dorf, wo sie aufgewachsen war, eine echte Heimat für sie dar. Zu lange war das alles her, zu viele Dinge waren geschehen, sie war eine andere geworden, zertrümmert von den Männern, die auf ihr lagen und über ihr, die ihren Körper besudelt und beschmutzt und benässt hatten. Larissa schauderte.

Peter war ein zaghafter Liebhaber. Er kam fast jeden Abend zu ihr. Sie mochte die Umsichtigkeit, mit der er sie behandelte. Obwohl sie nichts fühlte. Ihr Körper war in Sachen Liebe ein für alle Mal gefühllos. Funktionsfähig, aber ohne Leben. Ob Peter das ahnte, wusste sie nicht, und es war ihr einerlei. Sie wollte nur dieses neue Leben nicht aufgeben. Nie mehr.

60

»Jetzt geben Sie Gummi, Wischnewski! Donner und Doria, sind Sie immer so langsam?«, knurrte Katinka Dante an. Ihr kam es vor, als kröchen sie in Schrittgeschwindigkeit über die Autobahn.

»Dieser Wagen ist kein hochklassiges Erzeugnis der deutschen Industrie«, stöhnte Dante. »Wo ist Ihr Italiener?«

»Schrott. Jedenfalls die hintere Tür. Das wird teuer.«

»Und Sie sind sicher, dass Larissas Ehemann sie gar nicht wirklich ausgelöst hat?«

»Wir nehmen an, dass er auf Vasile Leanus Gehaltsliste steht. Er hat ein Haus gekauft, das gerade noch fertiggestellt wird, und das wir beide zusammen uns niemals werden leisten können, selbst wenn wir lebenslang buddeln wie die Bergleute.«

»Sie haben doch auch ein Haus.«

»Eine Bruchbude.«

»Ein Sanierungsobjekt. Wenn Sie clever sind, können Sie damit spekulieren und die Bamberger Immobilienblase ein bisschen weiter aufpusten.«

»Das geht mir alles am Körperteil vorbei. Lore Lawitschka hat diesem Peter Glaser verraten, wo sich Larissa versteckt, nämlich bei ihr im rechtsmedizinischen Institut.«

»Trotzdem kapiere ich es nicht. Glauben Sie, er bringt Larissa um?«

»Falls er sie wirklich aus Liebe geheiratet hat, wird er versuchen, Leanus Häschern zu entkommen. Die sind durch Leanus und Kolesnikows Verhaftung gewarnt. Wenn sie es schaffen, Larissa auszuschalten, sind wir die wichtigste Zeugin in diesem Fall los.«

Dante überholte einen Lkw. »Mit ›wir‹ meinen Sie uns beide?«

»Wenn es Sie glücklich macht.«

»Nur noch mal zum Mitschreiben. Peter Glaser kriegt Knete von Leanu, um darauf zu achten, dass Larissa bis an ihr Lebensende die Klappe hält, was ihre Jahre im Prostitutionsgeschäft betrifft?«

»So ähnlich. Einmal hat er schon erreicht, dass sie ihre Aussage zurückzieht. Diesmal ist sie ihm entwischt. Das bedeutet Gefahr für ihn und für Larissa.«

»Und für die noch fertigzustellende Villa. Nehme an, dass einer wie Glaser eine Prostituierte niemals hätte freikaufen können. Eigentlich hätte uns das gleich auffallen müssen. Ich habe die Exklusivrechte?«

»Was fehlt Ihnen denn noch, um Ihren Rivalen Bockler zu demoralisieren?«

»Die Story über Fanny ist ein Boulevardstück. Aber Kriminalität, vor allem in dieser Größenordnung, ist natürlich ein viel seriöseres Thema.«

Katinkas Finger trommelten auf ihren Rucksack. »Mensch, Wischnewski, Sie haben echt die Nerven weg.«

»Gehört zum Job.«

Katinka versuchte es bei Lore Lawitschka. »Wieder nur die Mailbox.«

»Vielleicht hat Leanu beziehungsweise sein Adjutant gar keinen Killer auf Peter Glaser angesetzt.«

»Das sind Profis. Und skrupellos. Die legen den Ehemann mit um, ohne mit der Wimper zu zucken.«

Dante steigerte die Geschwindigkeit. Rotes Licht flammte auf. »Fuck!«

Katinka kniff die Augen zusammen. »Ein guter Anwalt …«

»Fuck! Hier sind 100 erlaubt. Ich hatte 150! Das gibt ein Fahrverbot!«

»Dann machen Sie zur Abwechslung Urlaub mit dem Flugzeug und schreiben Sie auf Madagaskar. Wie gesagt, ein guter Anwalt holt Sie aus der Bredouille. Es geht um Leben und Tod. Und das meine ich wirklich ernst!«

61

Sie standen auf der nächtlichen Straße. Der bärige Polizist filzte Louis' Jacke.

»Haben Sie eine Erklärung für dieses Tütchen?«

Fanny wurde blass, als sie sah, was er in der Hand hielt. Wie konnte Louis so dumm sein!

»Das ist nicht meins.«

»Ist es nicht?«

»Nein. Ich kiffe nicht.«

Die Beamten musterten ihn. »Soso.«

»In Australien habe ich ein paarmal gekifft, aber in Deutschland nichts angerührt. Sie werden meine Fingerabdrücke nicht auf der Tüte finden.«

»Wie kommt das Cannabis dann in Ihre Jacke?«

»Jemand hat es reingetan«, erklärte Louis ungerührt.

Fanny barg ihr Gesicht in den Händen. Über ihrem Auge begann ein feines Vibrieren, sie wollte unbedingt die Nerven bewahren, aber Louis' Verhalten war wirklich zu dämlich. Sie fröstelte in der kalten Nachtluft. Vorbei das

Wohlgefühl des Resets vorhin beim Tanzen. Alles vorbei. Das echte Leben hatte wieder die Oberhand.

»Wer sollte denn das Gras bei Ihnen deponiert haben?«

»Irgendein Gast. Der es zwischenparken wollte?« Louis zuckte die Achseln. »Das müssen Sie rausfinden, schätze ich.«

»Nicht frech werden!«

Er ist doch gar nicht frech, wollte Fanny antworten. Sie brachte kein Wort heraus. Zwischenparken! Was für ein Schwachsinn.

»Wir haben einen Anruf bekommen. Ihr Name wurde genannt.«

»Einen Anruf?«, riefen Fanny und Louis zeitgleich aus. Sie starrten einander an.

»Anonym.«

Louis wurde blass. »Das gibt's nicht.«

»Doch. Telefonzelle.«

Gibt es überhaupt noch Telefonzellen?, fragte sich Fanny. Das Vibrieren wurde stärker. Sie rieb sich die Augenbrauen.

»Lassen Sie Ihre Leute das Gras hier überprüfen.« Louis wies mit dem Kinn auf das Zellophan. »Sie werden keine Fingerabdrücke finden.«

»Das beweist gar nichts«, sagte der eine Polizist.

»Sie scheinen sich ja sehr sicher zu fühlen«, sagte der Bär.

»Verdammt, ich weiß, dass ich das Gras nicht gekauft habe. Ich habe heute Abend drei Bier getrunken, das war alles an Drogen, was ich konsumiert habe! Geht das in Ihren Quadratschädel?«

»Mal langsam, ja!« Der Kollege des Bären fasste Louis am Arm.

»Lassen Sie mich!«

Der drehte ihm den Arm auf den Rücken.

»He, was soll das!«, schrie Fanny.

»Lass ihn los!«, sagte der bärige Beamte.

Der andere lockerte seinen Griff. Louis riss sich los und packte den Mann am Kragen.

»Louis!«, flüsterte Fanny.

»Sie sind festgenommen. Angriff auf einen Polizeibeamten!«

62

Lore Lawitschka spürte überdeutlich, dass sie nach ihrer OP nicht mehr das alte Arbeitstier war. Die sonderbare, als »gutartig« etikettierte Erkrankung kroch immer noch durch ihren Körper. »Gemischte Gefühle« nannte man diese diffusen Empfindungen. Sie waren üblich, wenn man im Wartezimmer des Zahnarztes saß. Leider begleitete das Kribbeln Lores Arbeitsalltag, und Larissas Anwesenheit verstärkte das ungute Gefühl. Sie war erleichtert, als sich Peter Glaser über das Festnetz meldete und verkündete, er stehe am Eingang des Instituts und wolle hereingelassen werden.

»Larissa?« Lore marschierte in ihr Büro. »Ihr Mann ist hier.«

Larissa wirbelte herum. »Endlich!«

»Kommen Sie mit. Damit Sie mir bestätigen, dass er es wirklich ist«, sagte Lore, halb im Scherz.

»Warum sollte es nicht Peter sein?«

»Nun kommen Sie.«

Die beiden Frauen eilten durch die Korridore. Larissas Körper schien vor Aufregung zu vibrieren. Lore hingegen fühlte sich mit einem Mal unaussprechlich müde. Diese Erschöpfungsphasen, so hatte man sie in der Klinik gewarnt, würden noch eine ganze Weile andauern. Sie überfielen sie aus dem Nichts, hielten eine oder mehrere Stunden an und lösten sich etwas später in Wohlgefallen auf, als sei nie etwas Ungewöhnliches gewesen.

»Hier entlang.« Lore wollte sich keinesfalls von einem unterdrückten Gähnen das Heft aus der Hand nehmen lassen. Soweit käme es noch! Sie kannte sich als Kraftpaket, stemmte, was zu stemmen war. Sie schloss die Zwischentür zum öffentlichen Bereich des Instituts auf und lotste ihren Schützling zum Eingangsportal.

»Peter!« Larissa lief auf die Glastür zu.

Auf der anderen Seite trat ein untersetzter Mann von einem Bein aufs andere.

»Ist alles in Ordnung?«, fragte Lore, während sie schon den Generalschlüssel ins Schloss schob.

»Wir müssen sofort weg, Larissa!« Die Nervosität poppte dem Mann aus jedem Knopfloch.

Die Tür ging auf, Larissa warf sich Peter an den Hals.

Ach, die Liebe!, dachte Lore Lawitschka. Verdammt, sie war wirklich froh, die Verantwortung für diese traumatisierte Frau los zu sein. Sie musste sich kurz hinlegen, aufs Sofa im Büro, bevor sie sich auf den Weg nach Hause machte. In ihrem momentanen Zustand konnte sie keinen Wagen steuern.

»Danke!«, brachte Larissa heraus, als sie sich von ihrem Mann gelöst hatte, der außer zu nackter Panik zu keinen weiteren Emotionen imstande schien.

»Gern geschehen. Alles Gute! Passen Sie auf sich auf, alle beide!«

Peter griff seine Frau bereits am Ellenbogen und zerrte sie zur Straße. Lore sah zu, wie sie in einen Van stiegen. Der Wagen startete mit quietschenden Reifen.

Wäre sie nicht so müde gewesen, hätte sie vielleicht das Auto bemerkt, das sich kurz darauf in Bewegung setzte. Aber da sperrte sie die Eingangstür bereits zu und schleppte sich in ihr Büro zurück.

Sie würde sich eine Stunde Schlaf gönnen und dann heimfahren. Auf ihrem Sofa lag das Handy. Sie beschloss, den Wecker zu stellen.

Zwei Anrufe in Abwesenheit. Von Katinka.

Warum hatte Larissa nichts gesagt?

Die Rechtsmedizinerin hörte die Nachricht ab. »Lore, bringt euch in Sicherheit.« Ungläubig lauschte sie Katinkas hektischer Erklärung.

»Das gibt's nicht«, murmelte sie, drückte auf Rückruf. Besetzt.

63

»Wir sind gleich da, Wischnewski, da vorn muss es links gehen.«

»Sie gehören ja schon fast zu den Stammgästen von dieser Lawitschka.«

»Das will ich nicht hoffen. Sprachlich haben Sie sich sowieso vertan. In der Rechtsmedizin kann jeder nur einmal Gast sein.«

Dante murrte. Es ging ihm stets unter die Haut, wenn seine Sprachbegabung infrage gestellt wurde. Deutsch war sein Territorium, und das verteidigte er mit Verve.

Ihr Handy ging.

»Palfy?«

»Hier ist Fanny! Frau Palfy, es ist etwas Schreckliches geschehen. Louis ist festgenommen worden.«

»Ach du liebes Lieschen.«

»Wir waren im Liveclub tanzen. Es gab einen anonymen Anruf bei der Polizei, dass Louis Gras bei sich hätte. Cannabis, verstehen Sie? Sie haben 15 Gramm bei ihm gefunden.«

»Das gibt Ärger.«

»Er *hatte* nichts dabei. Er schwört bei allem, was ihm heilig ist, dass er nichts gekauft hat! Ich glaube ihm. Zu Hause kifft er manchmal, aber das ist ein Joint, den er mit mehreren teilt.«

Katinka biss sich auf die Lippen.

»Was ist?«, zischte Dante zu ihr herüber. Er bog in die Universitätsstraße ein. Ein Van kam ihnen entgegen.

Dante musste hinter einem geparkten Lieferwagen bremsen und den Gegenverkehr abwarten.

»Ich glaube Ihnen, Fanny.« Ein anonymer Anruf! Das stank zum Himmel, und selbst der Polizei musste das auffallen.

»Wir haben uns getroffen. Haben uns ausgesprochen. Mit meiner Mutter. Sie war sogar damit einverstanden, dass wir auf lange Sicht umziehen. Weg aus Melbourne. Um mehr Abstand zu haben.«

»Das hat sie tatsächlich akzeptiert?«

Dante setzte wieder zum Überholen an, als ein zweiter Wagen entgegen kam.

»Mann, was für ein Verkehr! Um die Zeit!«, stöhnte Dante.

»Sie war damit einverstanden. Sie hat wirklich Verständnis.« Fanny lachte konfus. »Also, ich hätte gar nicht gedacht, dass es so leicht werden würde. Wahrscheinlich mussten erst all diese furchtbaren Dinge passieren.«

Wäre wirklich extrem niederträchtig, dachte Katinka. Wenn Ruth ...

»Fanny, bevor Sie jetzt im Trüben fischen: Fragen Sie Ihre Mutter, ob die bei der Polizei angeklingelt hat.«

Dante, der endlich an dem Lieferwagen vorbei war, warf ihr einen neugierigen Blick zu.

»Warum sollte sie das tun? Sie würde Louis niemals denunzieren.«

»Kann es sein, dass Sie immer noch nicht begriffen haben, was in Ihrem Leben los ist? Reden Sie mit Ruth. Falls Ihnen die Argumente ausgehen: Ihr Vater wollte vor Jahren Kontakt zu Ihnen aufnehmen. Zu seiner Tochter.

Ihre Mutter hat es verhindert. Ich muss Schluss machen, es kommt ein zweiter Anruf rein.«

Sie schnitt Fannys Erwiderung ab und nahm das andere Gespräch an.

»Katinka, hier ist Lore. Ich habe erst jetzt deine Nachricht abgehört. Peter Glaser hat Larissa schon abgeholt. Vor fünf Minuten, wenn es hoch kommt.«

»Scheiße! Wischnewski, wenden! Der Gegenverkehr eben, das war Larissa mit ihrem Gatten. Und wenn mich nicht alles täuscht, haben sie ihren Liquidator bereits auf den Fersen. Ich melde mich wieder, Lore!«, rief sie, während Dante bereits ein Wendemanöver hinlegte.

»Wohin?«

»Autobahn.«

»Glaser wird wohl nicht nach Bamberg fahren, wo Leanus Leute seine Wohnung kennen.«

»Dann nach Süden. Richtung München. Los, los!« Ihr zitterten die Hände.

»Wollte der Hauptkommissar nicht die Erlanger Kollegen mobilisieren?«

»Scheiße, ja!«

Katinka wählte Hardos Nummer.

»Hardo, zwei Dinge. Larissa ist von Peter abgeholt worden. Vor wenigen Minuten. Dante und ich haben die Verfolgung aufgenommen. Von Polizei war nichts zu sehen.«

»Ich frage nach.«

»Noch was: Louis Chatwin wurde festgenommen, angeblich befanden sich 15 Gramm Cannabis in seiner Jackentasche. Ich denke, dass Ruth Pessel hier einen kleinen Racheakt inszeniert.«

»Gebe ich an Kerschensteiner weiter.«

Katinka legte auf. »Sieht so aus, als wenn Sie die Schlusskapitel beider Storys noch einmal umschreiben müssen«, sagte sie nachdenklich zu Dante, der sich alle Mühe gab, seinen Wagen bei Dunkelgelb über Kreuzungen zu steuern. Endlich fuhren sie auf die Autobahn auf.

»Darüber mache ich mir Gedanken, wenn ich an meinem Schreibtisch sitze. Eine Reportage aus dem fahrenden Auto heraus, gepaart mit Rückblenden, die alle Fakten abdecken!«

»Gas, Wischnewski! Sonst ist unsere einzige Zeugin bald nicht mehr da.«

64

Fanny starrte für Minuten auf das Telefon in ihrer Hand.

War es tatsächlich möglich? Das Undenkbare? Wenn sie ehrlich zu sich selbst war, gab es keine andere Erklärung.

Sie glaubte Louis. Er hatte sich das Gras nicht besorgt. Aber wie kam ihre Mutter an Cannabis?

Kann es sein, dass Sie immer noch nicht begriffen haben, was in Ihrem Leben los ist?

Die Worte der Detektivin lösten etwas in ihr.

»Mom?« Fanny ging den Gang entlang zu dem Stuhl, auf dem ihre Mutter saß. Dabei kam es ihr vor, als bliebe etwas von ihr an dem Platz zurück, wo sie zuvor gestanden und telefoniert hatte. Etwas Graues, Amorphes.

Ruth hob den Kopf. »Ja, Liebes?«

»Wo hast du das Gras gekauft?«

Ruth zuckte zurück. Die Maske, in der sich die Sorge um Louis spiegeln sollte, geriet ins Rutschen.

»*Du* hast die Polizei angerufen. Als wir tanzten, saßt du eine ganze Weile nicht am Tisch. Du hattest Zeit, zu einer Telefonzelle zu laufen und die Polizei zu verständigen.«

»Du bist doch verrückt.«

»Wer hier verrückt ist, bist du, Mutter! Als ich dir erzählte, dass wir die Absicht haben, aus Melbourne wegzuziehen, musstest du die Reißleine ziehen. Allerdings werden sie Louis nicht wegen 15 Gramm Cannabis hierbehalten.«

»Du weißt ja gar nicht, was du sagst.«

»Ich habe eben mit der Detektivin gesprochen, die du in meinem sogenannten *Fall* engagiert hast. Sie sagt, es ist ein Leichtes zu beweisen, dass du das Cannabis gekauft hast. Sie kennt die Quellen in der Stadt.« Die Lüge ging Fanny leicht über die Lippen. Sie schmeckte süß. »Zudem werde ich gegen dich aussagen. Ich werde die ganze Geschichte öffentlich machen und habe einen Reporter an der Hand, der darüber berichten wird. Mutter erklärt ihre eigene Tochter wider besseres Wissen für tot. *Das* ist eine Schlagzeile!«

Ruth wurde blass.

»Journalisten sind gut vernetzt. In Melbourne findet diese Story garantiert Abnehmer. Eine meiner alten Studienfreundinnen, Liana, arbeitet beim ›Herald Sun‹.«

»Das kannst du nicht machen.«

»Doch. Kann ich. Im Vergleich zu dem, was du dir geleistet hast, ist die Publikation unserer Geschichte harmlos.«

Fanny hatte richtig getippt. Die Aussicht, vor ihren Arbeitskollegen und Bekannten als die dazustehen, die sie war, das wirkliche Gesicht zeigen zu müssen, wendete das Blatt.

»Das kannst du nicht.«

Fanny zuckte die Achseln. »Ich schreibe sofort eine Mail an Liana.«

»Tu das nicht!« Ruth schrie auf. Eine der Bürotüren öffnete sich, eine Polizistin sah heraus.

»Vergiss es. Ich tue es. Ich muss endlich Ruhe finden in meinem Leben. Ohne deine beständigen Spielchen. Von daher wäre es das Beste, wenn die ganze Geschichte in Melbourne breitgetreten würde. Dann müsstest nämlich *du* umziehen und *wir* könnten bleiben. Und außerdem, damit du das gleich weißt: Ich werde mich auf die Suche nach meinem Vater machen. Auch dabei wird mir die Presse helfen. Du hast mir nie erzählt, dass mein Vater sich bei dir gemeldet hat, als ich schon auf der Welt war. Er wollte Kontakt zu mir. Du hast ihn in die Wüste geschickt.«

Ruth brach zusammen. Sie weinte, und es waren nicht die üblichen Krokodilstränen, mit denen sie Fanny sonst zu erpressen pflegte. Fanny lehnte sich ihrer Mutter gegenüber an die Wand. Diese Frau hatte vor einer verstümmelten Leiche gestanden und binnen Sekunden entschieden, die Tote als ihre Tochter zu identifizieren. Obwohl sie wusste, dass es nicht stimmte. Nach wie vor konnte Fanny nicht begreifen, wie sie dazu hatte imstande sein können.

»Die Polizei hätte sicher mehr für die Aufklärung des Mordes tun können, wenn sie durch deine Falschaussage nicht in die falsche Richtung gesteuert worden wäre.«

Ruth schluchzte. Ihre Versuche, etwas zu sagen, wurden von einem weiteren Tränenanfall ausgebremst.

»So eine junge Frau! Glaubst du nicht, sie hätte es verdient, dass man ihren Mörder findet? Glaubst du, sie hat keine Familie? Freunde, die sich um sie sorgen?«

»Hör auf!« Ruth hob die Hand.

»Mit deinem Gewissen wirst du das alleine ausmachen müssen.« Fanny stieß sich von der Wand ab. »Ich könnte mir vorstellen, meine Aussagen anzupassen. Und den ›Herald Sun‹ nicht zu verständigen. Im Gegenzug musst du Louis aus der Bredouille rausholen.«

»Wenn ich sage, ich habe das Gras gekauft, sacken sie mich ein.«

»Du hättest es verdient. Im Gegensatz zu Louis. Den quetschen sie da drin gerade aus, obwohl er *nichts* getan hat.« Fanny schüttelte den Kopf. Sie war so blauäugig gewesen. Anstatt sich am Vormittag mit Ruth »auszusprechen«, hätte sie lieber das nächstbeste Ticket buchen und jetzt mit Louis im Flugzeug sitzen sollen.

Ruth reagierte nicht.

»Du hast es nicht anders gewollt.« Fanny marschierte auf die Tür zu, hinter der Louis vernommen wurde. Nichts würde sie aufhalten. Sie hob die Hand und klopfte. Noch vor einer Stunde hätte sie das niemals gewagt.

65

»Wir haben ein Problem, Larissa.« Peter jagte den Wagen durch die nächtliche Stadt.

»Was für ein Problem?« Larissa fröstelte.

»Wir können nicht heim.«

»Warum denn nicht?«

»Weil Vasiles Leute hinter mir her sind.«

»Was?« Schockiert starrte sie ihn an.

»Ich muss dir was sagen.«

»Ja?«

»Ich habe dich damals nicht freigekauft. Ich habe einen Deal mit Vasile abgeschlossen. Du durftest aussteigen – aber ich musste dafür sorgen, dass du den Mund hältst.«

»Den Mund?« Die deutsche Sprache, die ihr sonst so leicht fiel, verhedderte sich in ihrem Kopf.

Dennoch verstand sie. Im Bruchteil einer Sekunde stand alles vor ihr. Die Analyse ihres neuen Lebens. Wie ein ideales Muster, eine perfekte Zeichnung.

Der Anwalt, den Peter besorgt hatte, damit sie die Aussage zurückzog. Sein Eifer, sie mit anderen Dingen zu beschäftigen, damit sie keine Zeit hatte, sich mit der Vergangenheit auseinanderzusetzen.

Dabei wollte sie bis vor Kurzem ohnehin nichts mehr mit diesen alten Sachen zu tun haben. Mit ihrem sogenannten »Job«. Erst als sie Ramzan gesehen hatte, war etwas in ihr in Bewegung geraten. Wie ein Ozeandampfer hatte sie sich zur Seite geneigt und stand kurz vor dem Kentern.

»Wo sollen wir dann hin? Peter? Sag was!«

»Er bezahlt gut, verstehst du? Ich hatte Schulden. Die wurde ich auf einen Schlag los.«

»Schulden?«

»Ich habe mal versucht, mich selbstständig zu machen. Als Finanzberater. Vor ein paar Jahren. Das ging in die Hose.«

Larissa schwirrte der Kopf. Vasile hatte kein Geld von Peter bekommen, damit sie seinen Harem verlassen durfte. Im Gegenteil, Vasile zahlte Peter!

Mein Gott, was war sie naiv gewesen. Wie Schuppen fiel es ihr von den Augen, während Peter den Wagen auf die Autobahn lenkte. 130. 140. 160. 190. Sie hielt den Atem an.

Also war sie in Vasiles Augen gefährlich. So gefährlich, dass er zahlte.

Und nun, da sie reden wollte, helfen wollte, diesen Horror, den Vasiles Geschäft darstellte, zu beenden, gab es einen Preis zu zahlen. Kopfgeld.

»Die bringen uns um«, flüsterte sie. Ganz kalt wurde ihr, aber die Nervosität, die sie den ganzen Tag in Atem gehalten hatte, erstarb. Innerhalb von Sekunden.

»Wir hauen ab. In der Nähe von Hilpoltstein hat ein Kumpel von mir ein Haus. Er ist zurzeit in Südamerika, wir können dort bleiben.«

»Vergiss es!« Larissa fand sich damit ab. Jetzt, ohne Umstände, bei Tempo 190 schluckte sie die bittere Pille. Es gab keine Zukunft. Ein Leben ohne Angst und Demütigung war ihr nicht vergönnt. Die Umstände hatten sie gebrochen. Ihre Hoffnung auf Menschlichkeit war nichts als ein bitterer Irrtum. Ein Verbrechen in den Augen von Typen wie Vasile.

»Sie haben Vasile eingebuchtet«, sagte Peter.

Wörter trieben wie Wellen durch Larissas Kopf. Zeugenschutz. Aussage. Gericht. Die Worte verschwammen, Leere machte sich breit.

»Der ist sofort wieder draußen.«

»Nicht, wenn du aussagst.«

»Dazu wird keine Zeit mehr sein.« Und du verlierst eine Menge Geld, fügte sie im Stillen hinzu. Und dein Leben. So funktioniert die Welt, aus der ich komme. Eine Reinform des Kapitalismus.

Sie war zu jung, um sich an die Sowjetunion zu erinnern. Die Politik ihrer Jugendjahre hatte aus Chaos, Energiekrise und Hunger bestanden. Aus Anarchie, Konflikten und Gewalt auf den Straßen. Folgen des Kommunismus, wie ihr Vater stets betonte. Womöglich war der Kommunismus doch nicht so dumm. Er verdaute wenigstens nicht sich selbst.

Ein rotes Licht flammte auf und blendete sie für kurze Zeit. Neben ihr stöhnte Peter leise.

»Was denke ich da nur«, murmelte sie. Es war alles vorbei. Offenbar bestand ihr einziger Bonuspunkt darin, dass sie in wenigen Augenblicken die Verhältnisse durchschaut hatte. Sie sah Peter so, wie die Umstände ihn gemacht hatten. Als einen, der Geld als Lösung sah. Weil er, einmal gescheitert, einen Neuanfang herbeisehnte. Liebe oder nicht, sie hatte davon profitiert.

Ich habe Angst, wollte sie sagen. Das sagen, was sie immer gefühlt hatte, ihr ganzes Leben. Aber dann stellte sie voll Erstaunen fest, dass sie keine Angst mehr hatte.

66

Hardo rief an.

»Wo seid ihr?«

»Auf der A3 Richtung München. Abzweigung Nürnberg-Fischbach voraus.«

»Ich habe Glasers Kennzeichen abgefragt. Sein Van ist bei Tennenlohe in eine Radarfalle geraten.«

»Also sind wir ihm wahrscheinlich auf den Fersen!« Begeistert boxte Katinka Dante die Schulter.

»Die Kollegen sind dran. Sie fahnden nach dem Wagen.«

»Das will ich hoffen.«

»Katinka, das ist ein Fall für die Polizei. Täter stellen und so weiter.«

»Gib mir durch, wenn du eine genauere Standortbeschreibung hast. Ich will dabei sein. Mir vertraut Larissa. Es wäre wichtig für den Fall! Wir müssen ihr als Zeugin signalisieren, dass sie kein Spielball der Behörden ist.«

»Du hast Nerven!«

»Habt ihr denn gar keine Anhaltspunkte? Verwandte von Glaser, zu denen sie flüchten könnten?«

»Im Augenblick nicht.«

»Sag Bescheid, sobald du was hast.« Sie beendete das Gespräch.

»Die können längst eine andere Abzweigung genommen haben und irgendwo durch Nürnberg rollen«, maulte Dante.

»Nicht so negativ, Wischnewski. Vielleicht holen wir sie sogar ein, jetzt, wo er geblitzt wurde.«

»Das glauben Sie ja wohl selbst nicht. Wo ihm jemand nach dem Leben trachtet.«

Katinka biss sich auf die Lippen. Sie hatte eher den Verdacht, Glaser war noch gar nicht aufgegangen, dass er längst verfolgt wurde.

»Dieser zweite Wagen, was war das für einer?«

»Was Dickes. Ordentlich PS im Rohr.«

Sie rief Hardo an.

»Sag mal, ist nicht noch ein zweiter Wagen dicht hinter Glaser in die Radarfalle gerast?«

»Ich wollte dich gerade anrufen. Ein Mercedes mit rumänischem Kennzeichen.«

»Halterabfrage?«

»Problematisch. Aber kriegen wir hin. Übrigens haben wir an allen Ausfahrten ab Nürnberg-Feucht Leute postiert. Wird sukzessive aufgestockt.«

»Hoffen wir das Beste.«

13.4.2018

67

The day is past and gone. Wer hatte diesen Song noch mal interpretiert? In ihrer Schulzeit hatte sie Musik gemocht. Ihr Cousin hatte sogar einen halblegalen Versandhandel mit gebrauchten Musikkassetten betrieben. In der Zeit, als man irgendwie über die Runden kommen musste.

The day is past and gone … Aretha Franklin! Larissa kriegte den Text nicht mehr richtig zusammen. Nur die Schlusszeile: *The night of death grows near.*

Die Nacht des Todes hatte sie und Peter längst in ihren Klauen. Den Mann, den sie für ihre Zukunft gehalten hatte. Womöglich war es nicht ganz fair gewesen, ihn als Verkörperung eines neuen Lebens anzusehen. Andererseits hatte es für sie keine bessere Möglichkeit gegeben. Nicht mal eine schlechtere. Außer nach Transnistrien zurückzukehren. Geschlagen. Um dort was zu tun? Das, was sie in Deutschland gemacht hatte?

Es würgte sie, als Peter von der Autobahn abfuhr. Der

Wagen brach hinten aus. Sie klammerte sich an ihrem Sitz fest. Autofahrten hatte sie schon in ihrer Kindheit nicht vertragen.

»Du wirst sehen: Simons Haus ist schön. Liegt nah beim Rothsee. Romantisch. Jetzt im Frühling können wir da lange Spaziergänge machen.«

Er sagt es nur, damit es nicht so still ist, dachte sie matt. Peter machte sich nichts aus Spaziergängen. Sie war diejenige, die die Füße nicht stillhalten konnte. Und nun fehlte sogar ihr treuester Begleiter: Sepp.

Sie ersparte ihnen beiden eine Antwort.

Hinter ihnen blendete ein Wagen auf.

»Was will der denn!« Peter gab Gas. Sie schossen vorwärts, die Scheinwerfer schnitten Löcher in die Dunkelheit. Rechts und links erkannte Larissa schemenhaft Hügel und Bäume, dann wieder nur Wiesen, flach, lang hingestreckt.

»Idiot! Will der überholen?« Peter trat das Gaspedal ganz durch.

»Nicht!«, schrie Larissa.

»Sei ruhig!«

Sie schwieg, nicht weil er es ihr befohlen hatte, sondern weil es sinnlos war zu reden. Der Wagen schoss vorwärts, schlitterte um Kurven, brach aus, raste weiter. Als ein Stück gerade Strecke vor ihnen lag, überholte der Pkw.

Lass ihn vorbei, dachte Larissa. Lass ihn doch, wenn er meint.

Sie blickte aus dem Seitenfenster über die Wiesen.

Unversehens wurde sie brutal in ihren Sitz geschleudert.

»Fuck! Fuck!«, brüllte Peter neben ihr.

Sie hörte das Kreischen von Bremsen und sah einen quer stehenden bulligen Wagen vor sich. Schloss die Augen. Zwei Männer sprangen aus dem Auto und rannten nach rechts und links in die Dunkelheit.

»Es ist aus!« Ihre Stimme klang grell in ihren eigenen Ohren. Sie hörte jemanden schreien und merkte kurz darauf, dass sie selbst es war.

Sie und Peter rutschten unaufhaltsam auf diesen Wagen zu.

Etwas krachte. Gleich darauf noch etwas. Larissa wurde nach vorn geschleudert. Glasscherben regneten auf sie herab. Etwas splitterte, es folgte ein ohrenbetäubendes Getöse. Der Wagen ruckte und stand. Zischend öffnete sich der Airbag. Weiß umhüllte sie. Ein stechender Schmerz in ihrem Kreuz. Sie löste den Sicherheitsgurt, riss die Tür auf. Kullerte auf die Straße. Hart schlug sie auf den Asphalt. Sie robbte um das Auto herum. Es war ganz dunkel. Nur die Rücklichter von Peters Wagen funktionierten noch. Sie warfen ein tiefrotes, verstörendes Licht in die Nacht.

Schüsse. Die kannte sie. Aus der harten Zeit nach der Unabhängigkeit ihrer Heimat.

Schüsse bedeuten, dass du nur eine kleine Chance hast. Du wolltest immer überleben, nicht wahr, Larissa?

Licht flammte auf. Gleißend.

»Halt! Polizei!«

Sie wälzte sich in den Straßengraben. Nässe durchtränkte ihre Kleider. Sie spürte die Kälte nicht. Nur den plötzlichen Schmerz in ihrem Kopf. Brutales Hämmern drang aus seinem Inneren.

»Bleiben Sie stehen!«

»Ich kann mich doch gar nicht bewegen«, murmelte Larissa. Sie würde das Bewusstsein verlieren, sie spürte, wie der Überlebenswille nachließ. Eine Kugel ins Herz kriegen, während man nicht mehr ganz bei sich war, was konnte Gnädigeres geschehen?

Bereitwillig gestattete sie der wattigen Finsternis, sie einzuhüllen.

68

Vor ein paar Minuten hatte Hardo durchgegeben, dass der Fluchtwagen inklusive Verfolger die Abfahrt Hilpoltstein genommen hatte.

Nun bog Dante in halsbrecherischer Geschwindigkeit von der Autobahn ab.

»Los!« Katinka saß wie auf Kohlen. Sie durften Larissa nicht verlieren. Sie durften einfach nicht.

»Die Polente wird ihnen ja wohl auf den Fersen sein, wenn sie alle Ausfahrten unter Beobachtung haben«, schimpfte Dante.

Einen Kilometer weiter stieg er in die Eisen. Zwei Polizeiwagen standen quer über der Straße, etwas weiter weg ein Knäuel aus Blech.

Katinka riss die Tür auf.

»Ziehen Sie Leine! Hier sind zwei Bewaffnete unterwegs!«, schrie jemand.

Katinka schnappte ihre Parabellum. »Halten Sie die Stellung, Wischnewski.«

Dante nickte verkrampft.

Die Waffe in der Hand kroch Katinka aus dem Wagen. Zwei Bewaffnete. Und wo war Larissa? Wo Peter?

Scheinwerfer tasteten die Wiesen neben den beiden ineinander verkeilten Wagen ab. Erfolglos. Niemand zu sehen.

»Larissa?«, rief Katinka leise in die Nacht.

»Himmel Arsch!«, kam es von einem der Polizeiwagen. »Wer sind Sie?«

»Katinka Palfy.«

Stille.

Entweder sie können was mit meinem Namen anfangen oder eben nicht, dachte Katinka, während sie Richtung Straßengraben robbte.

»Larissa? Wenn Sie mich hören: Hier ist Katinka Palfy. Ich bin gekommen, um Ihnen beizustehen. Geben Sie jetzt nicht auf!«

Ein Schuss durchschnitt die Nacht. Ihm folgte ein leises Wimmern. Larissa?

Katinka stieß sich vom Boden ab und sprang in den Graben. Scheiße, war das kalt. Sie lag bäuchlings im Wasser. Wenigstens stand es nur ganz flach.

Die Killer waren Profis. Die hatten längst die Position gewechselt. Standen jetzt an der einzigen Stelle, von der aus sie eingreifen konnten. Hinter den Polizeiwagen und wahrscheinlich auch hinter Dantes Auto. Die Staatsgewalt täte gut daran, ihre Lichtkegel in die andere Richtung zu schicken.

Sie achtete darauf, dass die Waffe nicht nass wurde, und robbte vorwärts. »Larissa?«

Hinter ihr gab es ein merkwürdiges Geräusch. Ein Puffen, wie wenn Wasser überkochte.

»Larissa?« Sie prallte gegen etwas Hartes. »Mist!« Nur ein Stein im Graben. Verdammt, in der Eile hatte sie nicht an die Taschenlampe gedacht.

Mittlerweile befand sie sich auf der Höhe der Polizeiwagen.

»Nicht schießen«, rief sie halblaut hinauf.

Niemand reagierte. Sie robbte weiter. Bis sie auf etwas Weiches stieß.

»Larissa!«

Die junge Frau war bewusstlos. Katinka griff unter ihren Kopf und hob ihn hoch. Weit genug aus dem Wasser.

Von der Straße her hörte sie ein Rascheln.

Himmel, Dante!

Wenn die Killer sich in Richtung Autobahn bewegt hatten, hielt Dante ihnen den Rücken hin. Im wahrsten Sinne des Wortes. Sie wollte schreien, ihn warnen, aber sie brachte kein Wort heraus. Larissa stöhnte. Ihr Kopf war schwer. Katinka kauerte sich gekrümmt hin, damit sie Larissas Kopf auf ihren Knien ablegen konnte.

»Larissa? Wachen Sie auf! Ich bin es, Katinka. Sie haben es fast geschafft«, flüsterte sie, hoffend, genug Zuversicht in ihre Stimme legen zu können. »Halten Sie durch. Die Polizei ist schon da.«

Scheinwerfer näherten sich aus Richtung Hilpoltstein. Verstärkung für die Staatsgewalt? Katinka duckte sich so tief in den Graben, wie sie konnte. Larissa stöhnte erneut.

»Leise!«

Schritte, die sich von jenseits der beiden Autowracks schnell näherten. Katinka richtete die Parabellum aus.

»Halt, Polizei!«

Schüsse, ganz nah. Schlamm spritzte auf, Erde, direkt neben der Stelle, wo Katinka und Larissa im Graben hockten. Sie hob die Waffe und feuerte in die Dunkelheit.

Leise Flüche irgendwo.

Über ihr ragte etwas Schwarzes auf. Groß, gewaltig, sie zielte und drückte ab.

Das Schwarze sackte zusammen. Larissa wimmerte. Ein Motor wurde angeworfen, wieder krachte ein Schuss, Glas splitterte.

»Wischnewski!«, schrie Katinka. Alles war jetzt still, und ihr sickerte ins Bewusstsein, dass sie soeben zum ersten Mal in ihrem Leben einen Menschen erschossen hatte.

»Wir haben drei Personen«, kam es irgendwann aus Richtung des Polizeiautos.

»Wer spricht dort?«, rief Katinka.

»Polizei. Hauptkommissar Schellerer.«

Von fern erklang ein Martinshorn.

»Okay, Larissa. Glauben Sie, Sie schaffen es aus dem Graben?«

Larissa nickte.

»Dann los.« Katinka half ihr hoch, bevor sie selbst aus der eisigen Brühe kroch.

»Erlauben Sie, dass ich mit anpacke?« Dantes Gesicht über ihr.

»Wo kommen Sie denn jetzt her?«

Blaulicht blitzte auf.

»Ich ahnte irgendwann, dass die Ganoven hinter mir sein mussten. Also habe ich mich aus dem Auto plumpsen lassen und die Luft aus dem vorderen linken Reifen gelassen, bevor ich mich hinter die Linien der Freunde und Helfer durchgeschlagen habe.«

Er packte Larissa unter den Armen und zerrte sie auf die Straße.

Licht, so blendend hell, dass Katinka den Arm über die Augen hielt.

»Ihre Waffe!«, sagte jemand.

»Sind Sie Schellerer?«

»Und Sie Katinka Palfy?«

»Genau.«

»Gut gemacht.«

»Aber scheiße gelaufen.«

»Möchten Sie einen Schluck Kaffee? Zum Aufwärmen?«

»Das wäre genau das Richtige.«

18.4.2018

69

Katinka hatte das Stück zuvor gelesen. Auf Michael Raths Vorschlag hin war an vielen Stellen gekürzt worden, um dem hauptsächlich jugendlichen Publikum entgegenzukommen. Trotzdem ging ihr auf, wie stark das Handeln der Menschen durch Not geprägt war. Generell und immer. Sie dachte an Larissa.

Peter Glaser war bei der nächtlichen Attacke ums Leben gekommen. Durch den Aufprall war er anscheinend kurz bewusstlos gewesen, hatte sich dann aus dem Airbag herauskämpfen wollen, woraufhin einer der Killer ihn erschoss. Katinka schauderte im Dunkel des Zuschauerraums. Sie hatte einen von denen getötet. In Notwehr, das bezeugte Hauptkommissar Schellerer. Der Mann hätte sonst Larissa und sie erschossen. Daran bestand gar kein Zweifel. Aber ihr Gewissen konnte mit den Geschehnissen jener Nacht schlecht umgehen. Manchmal packte sie der kalte Schrecken über ihre Entscheidung zu schießen.

Die sie in Bruchteilen von Sekunden getroffen hatte. Die richtig gewesen war. Trotzdem: Sie hatte den Tod eines Menschen verursacht, und diese Erkenntnis war brutal. Es lag in meiner Hand, dachte Katinka jetzt, als das Licht anging und die Zuschauer zu applaudieren begannen. Ich musste eine Entscheidung treffen, und wenn ich anders entschieden hätte, säße ich jetzt nicht hier.

Schau auf die Not!, hatte Hardo ihr vorgeschlagen. Das innere Toben, die Zweifel ungeachtet allen Verständnisses für ihre Tat, das war nun ihre Not. Und würde es lange bleiben, wahrscheinlich ihr ganzes Leben, irgendwie.

»Wow!« Dante sprang auf und klatschte wie verrückt.

Hardo und Katinka wechselten Blicke. Michael Rath, der neben Hardo saß, blieb sitzen und applaudierte verhalten.

»Nicht zufrieden?«, fragte Katinka ihn.

»Sehr sogar.« Er lächelte entrückt.

»Ich habe in der Weinstube Rückel einen Tisch bestellt. Wie wäre es?«, fragte Dante, als sie ins Foyer gingen.

»Weinstube?« Hardo seufzte. »Okay, ausnahmsweise.«

»Die haben auch Bier!« Dante stieß die Faust in die Luft. »Und ich habe was zu feiern.«

»Da bin ich gespannt!« Katinka hängte sich bei Hardo ein. »Kommst du mit, Michael?«

»Ich komme nach. Will noch den Schülern gratulieren!«

»Also, was gibt's zu feiern, Wischnewski?«, fragte Katinka, als sie in der Weinstube vor ihren Getränken saßen. »Sind die Punkte und das drohende Fahrverbot wegen Überschreitung der zulässigen Höchstgeschwindigkeit eingestampft?«

Dante winkte ab. »Das wird geregelt. Schließlich ging es um Leben und Tod. Ein absoluter Ausnahmefall. Stimmt doch, oder, Herr Hauptkommissar?«

»Darum sollen sich die Kollegen von der Verkehrspolizei kümmern.«

»Viel besser, Leute: Es gibt eine himmlische Veränderung in meinem Großraumbüro.«

»Lassen Sie mich raten: Bockler?« Katinka grinste. »Das wäre ja …«

»Er wird in die Lokalredaktion nach Kronach abgeschoben!« Dante schlug mit der Hand auf den Tisch. »Deshalb: Diese und alle weiteren Runden des Abends gehen auf mich.«

Sie stießen an.

»Respekt für die Art, wie Sie über den Fall um die falsch identifizierte Leiche geschrieben haben«, sagte Hardo.

Lob aus seinem Mund kannte Dante nicht, daher wurden seine Wangen ganz rosig, als er antwortete: »Oh, recht vielen Dank.«

»Ruth ist noch in Bamberg. Sie wurde angezeigt wegen Verstoßes gegen das Betäubungsmittelgesetz. Die Sache mit der Falschaussage wird wahrscheinlich schwieriger zu handhaben sein. Sie hat einen Anwalt genommen, der ganz auf den Schock und die mangelnde Zurechnungsfähigkeit plädiert.« Hardo betrachtete kritisch seinen Krug mit Schlenkerla-Bier, den er bereits zur Hälfte geleert hatte.

Auch Katinka trank Rauchbier. Nahrhaft war es, und ehrlich gesagt knurrte ihr der Magen. »Hat jemand Lust auf Strammen Max?«

Dante machte der Bedienung ein Zeichen und gab die Bestellung auf. »Strammer Max für alle, gute Idee. Noch was Tolles: Fanny hat den Kontakt zu einer Reporterin beim ›Herald Sun‹ in Melbourne hergestellt. Sie wird meine Geschichte bringen. Alles ganz offiziell. Die Dame und ich werden unser beider Namen unter den Artikel setzen.«

»Bravo!« Katinka nahm noch einen Schluck.

»Sie sind so verhalten in Ihrer Freude heute Abend, Frau Palfy.«

»Ehrlich gesagt: Ich denke an Larissa.«

»Sie ist endlich im Zeugenschutzprogramm!«

»Das ist nicht gerade ein Luxusurlaub, Wischnewski.« Katinka ließ den Blick durch die enge Weinstube schweifen. Stammgäste, Theaterleute, Menschen, die man kannte, wenn man in Bamberg zu Hause war. Larissa würde für lange Zeit nirgendwo zu Hause sein. Katinka hatte keine Ahnung, wo sie lebte, sie hoffte nur, dass sie den Tod ihres Mannes inklusiver aller Vorgeschichten Stück für Stück verkraften konnte. Dass es irgendwann in ferner Zukunft ein normales Leben für sie gab.

»Was kann sie eigentlich zusätzlich alles bezeugen?«, fragte Dante. »Ich meine, ihre Aussage, ihr eigenes Schicksal betreffend, wird hinsichtlich dieses Vasile Leanu einiges ans Tageslicht befördern. Aber … da ist doch sicher mehr?«

»Lassen Sie es gut sein für heute Abend, Wischnewski«, sagte Hardo.

»Also liege ich richtig. Da ist mehr. Meinen Sie, Sie könnten …«

Katinka hatte in der aufregenden Nacht ein paar Minuten mit Larissa gesprochen, bevor sie mit einer schweren Gehirnerschütterung ins Krankenhaus gebracht wurde.

Daher wusste Katinka, dass sie Zeugin mindestens eines Mordes geworden war. Mit Vasile Leanu als Täter.

»Schluss mit lustig!« Hardo stellte seinen Krug auf den Tisch. »Nerven Sie nicht.«

Dante grinste. Er hatte eindeutig Oberwasser. Die Abschiebung seines ungeliebten Kollegen möbelte ihn ungemein auf. Wie Katinka ihn kannte, würde er wochenlang auf Wolke sieben schweben.

»Okay, okay. Eine letzte Frage: Wo ist eigentlich Sepp?«

»Den haben wir Larissa mitgegeben.« Katinka presste die Lippen zusammen. Plötzlich schlich sich die Einsamkeit, die Larissa umgeben musste, auch wieder in ihre Gefühlswelt. Diese dunkle Traurigkeit schien sich als ihre Begleiterin zu etablieren. Sie spürte, wie Hardo seine Hand auf ihr Knie legte. Er verstand. Er kannte das.

Das Essen kam. Alle drei machten sich hungrig darüber her. Lore Lawitschka hatte Katinka vor ein paar Tagen angerufen. Sie hätte von den Ereignissen der Nacht gehört. Sie meinte den Schuss, den Katinka auf den Killer abgegeben hatte. »Schau auf dich«, hatte sie gebeten. »Regelmäßiges Essen. Bewegung. Freunde treffen. Schöne Filme sehen.«

Katinka war entschlossen, auf sich zu achten. Und für eine Weile keine neuen Aufträge anzunehmen. Sie verfügte über ein angenehmes finanzielles Polster. Sie hatte die Mieten. Eine Wohnung wäre noch herzurichten. Das konnte warten.

Als Michael Rath eine halbe Stunde später die Weinstube betrat, applaudierten die Gäste.

»Wissen die alle, dass er die Schüler beraten hat?«, fragte Katinka Hardo.

»Klar. Rath ist ein verkappter Theatermann. Kunst als Lösungsansatz, nicht als Eskapismus. Das ist sein Motto, und dafür ist er stadtbekannt.«

»Davon höre ich gerade zum ersten Mal.«

»Lies mal zur Abwechslung ein Buch!« Hardo zwinkerte ihr zu.

»Leih mir eins.«

»Kein Problem.«

Sie sahen einander an. Küss mich, wollte Katinka sagen, aber sie träumte die Worte nur.

ENDE

Das Neueste aus der Gmeiner-Bibliothek

Unser Lesermagazin

Bestellen Sie das kostenlose Krimi-Journal in Ihrer Buchhandlung oder unter www.gmeiner-verlag.de

Informieren Sie sich ...

www ... auf unserer Homepage:
www.gmeiner-verlag.de

@ ... über unseren Newsletter:
Melden Sie sich für unseren Newsletter an unter www.gmeiner-verlag.de/newsletter

f ... werden Sie Fan auf Facebook:
www.facebook.com/gmeiner.verlag

Mitmachen und gewinnen!

Schicken Sie uns Ihre Meinung zu unseren Büchern per Mail an gewinnspiel@gmeiner-verlag.de und nehmen Sie automatisch an unserem Jahresgewinnspiel mit »mörderisch guten« Preisen teil!

WWW.GMEINER-VERLAG.DE
Wir machen's spannend